Gaston Marot

Angérence

AUGEREAU

ou

LES VOLONTAIRES DE LA RÉPUBLIQUE

PIÈCE MILITAIRE

EN CINQ ACTES ET DIX TABLEAUX

Représentée pour la première fois, à Paris, sur le théâtre du Château-d'Eau,
le 4 décembre 1886.

DU MÊME AUTEUR

IMPRIMERIE GÉNÉRALE DE CHATILLON-SUR-SEINE. — A. PICHAT.

GASTON MAROT

AUGEREAU

OU

LES VOLONTAIRES DE LA RÉPUBLIQUE

PIÈCE MILITAIRE

EN CINQ ACTES ET DIX TABLEAUX

PARIS

TRESSE ET STOCK, ÉDITEURS

8, 9, 10, 11, GALERIE DU THÉATRE-FRANÇAIS

PALAIS-ROYAL

—

1887

PERSONNAGES

AUGEREAU	MM.	Brunet.
LE COMTE DE BRINOY		Dalmy.
BARNABÉ.		Landrin.
		Meillet.
ANDRÉ.		Guyon-Courbois.
		La petite Breton.
BOUVEL		Albert.
GANIVET		Gatinais.
BONAPARTE		Grand.
KELLERMANN		Mendez.
DAVOUST		Dervet.
OUDINOT		Ador.
LE MARÉCHAL NEY		Guérin.
MASSÉNA		Blaess.
UN OFFICIER AUTRICHIEN. . . .		Housser.
UN AIDE DE CAMP		Montbrison.
UN CAPITAINE		Charles.
UN SOLDAT FRANÇAIS		Marcy.
UN OFFICIER		Achard.
LARREY		Clément.
DEUXIÈME AIDE DE CAMP		Denais.
VICTOR		Marguet.
ÉMILIE.	Mmes	Delphine Murray.
MADAME AUGEREAU		Mary-Norton.
MADAME TRILLARD.		Palmyre.
MARIOTTE.		Préaux.
UNE FEMME		Brunet.

Volontaires, Gardes nationaux, Hommes, Femmes, Soldats royalistes, etc.

S'adresser pour la mise en scène à M. Gatinais, régisseur général du théâtre du Château-d'Eau.

AUGEREAU

ACTE PREMIER

PREMIER TABLEAU

La mère Augereau.

L'intérieur d'une boutique de fruitier. Porte au fond ouvrant sur la rue, porte à droite. — Çà et là, des paniers de légumes, de fruits, des mottes de beurre, etc. — Chaises de paille.

SCÈNE PREMIÈRE

GANIVET, puis MARIOTTE.

GANIVET, rangeant la boutique.

Les poireaux avec les carottes... les carottes avec les navets... Tout ça, ça va ensemble ! (Regardant avec satisfaction.) Là !... Eh bien! v'là une boutique qui ressemble au salon d'un aristocrate !... C'est reluisant comme un sou neuf !

MARIOTTE, un panier au bras, entrant par le fond.

Eh ! Ganivet !

GANIVET.

Ah ! te v'là toi, Mariotte ! D'où que tu viens comme ça ?

MARIOTTE, déposant son panier.

Je viens de chez M. Durocher, qui avait fait une commande de fruits.

GANIVET.

D'abord, on ne dit pas m'sieu Durocher : le citoyen Durocher.

MARIOTTE.

Oh! ça, ça m'est égal!

GANIVET.

Eh bien, à c't'heure, repose-toi !

MARIOTTE.

Merci! Comme tu y vas. Et la boutique?

GANIVET.

Reluque-moi ça! Est-ce qu'elle demande quéque chose, la boutique? Non, mais est-ce qu'elle demande quéque chose? Je l'ai soignée comme si c'était ma mère!

MARIOTTE.

Le fait est que tout ça est en ordre.

GANIVET.

Ce qui prouve, une fois de plus, que je pourrais faire un bon mari.

MARIOTTE.

A savoir.

GANIVET.

C'est tout su!... Et... si tu voulais en essayer, ma petite Mariotte...

MARIOTTE.

Plus tard, nous verrons ça.

GANIVET.

Plus tard, plus tard... Y sera peut-être trop tard !

MARIOTTE.

Hein?

GANIVET.

Dame... écoute donc... par le temps qui court, est-ce qu'on sait ce qu'on a à devenir!... Y a des émeutes tous les jours...on crie... on hurle ! on parle de se flanquer des coups... Tout ça, ça peut changer la face des choses.

MARIOTTE.

Et c'est dans un pareil moment que tu voudrais t'établir?

GANIVET.

Précisément... J'veux m'fixer! Si le pays ne se fixe pas... j'y donnerai une leçon, moi, au pays ! Je me fixerai à son nez et à sa barbe.

MARIOTTE.

Eh bien, moi, j'aime mieux attendre.

GANIVET.

Attendre... attendre.. Les jeunes filles... c'est scabreux.

MARIOTTE.

Qu'est-ce que tu veux dire ?

GANIVET.

J'veux dire qu'il y a des exemples : vois mam'zelle Émilie.

MARIOTTE.

Oh! ça, c'est vieux!

GANIVET.

C'est vieux... mais c'est toujours neuf... Ce qui est arrivé il y a dix ans, à mam'zelle Émilie, arrive tous les jours à d'autres jeunes filles.

MARIOTTE.

Possible. Mais je ne suis pas mam'zelle Émilie.

GANIVET.

Pour le moment, non! Mais est-ce qu'on peut deviner la suite?

MARIOTTE.

Je la devine, moi!

GANIVET.

C'est qu'l'es-t-une femme forte, v'là tout!

MADAME AUGEREAU, criant à la cantonade, au fond.

Eh bien! reviens-y donc, mon fiston!

GANIVET.

Oh! v'là la patronne!

Ils se mettent au travail.

MADAME AUGEREAU, continuant.

Et je me charge de te répondre, c'te fois!

MARIOTTE.

A qui en a-t-elle?

SCÈNE II

Les Mêmes, MADAME AUGEREAU.

MADAME AUGEREAU, paraissant au fond deux grands paniers remplis de légumes aux bras.

A-t-on jamais vu!... (A Ganivet et à Mariotte.) Ah! vous v'là, vous autres?

GANIVET.

Oui, patronne!

MADAME AUGEREAU.

Un grand séçot qui s'est permis de me bousculer!

Jour de Dieu! Bousculer la mère Augereau! (Retournant au fond et criant.) Non! Mais reviens-y un peu pour voir. Reviens-y et... il est parti! (Redescendant et se débarrassant de ses paniers.) Il a bien fait de décamper... avec ça qu'aujourd'hui, j'ai le système nerveux d'un agacé... (Ganivet et Mariotte rient.) Ça vous fait rire, vous, godiches?... Comme si je n'avais pas le droit d'avoir des nerfs. Eh bien, j'en ai, entendez-vous? J'en ai... et si vous continuez à rire en dessous, je vas vous le prouver!

MARIOTTE.

Nous ne rions pas, patronne!

GANIVET.

Pas du tout! Ni en dessous, ni en dessus!

MADAME AUGEREAU.

Et vous faites bien! v'là pourtant à quoi une femme seule est exposée... Si le garnement était ici... il me ferait respecter... on ne m'insulterait pas!...

GANIVET.

Mais on ne vous a pas insultée!

MADAME AUGEREAU.

Il ne manquerait plus que ça!

MARIOTTE.

Eh bien, alors...

MADAME AUGEREAU.

Eh bien! Eh bien! Tout ça, c'est sa faute!

GANIVET.

Au garnement?

MADAME AUGEREAU.

Je te défends d'appeler mon fils garnement, toi!

GANIVET.

Dame, c'est vous...

MADAME AUGEREAU.

Moi, je suis sa mère... J'ai le droit de l'appeler po-

lisson... si ça me fait plaisir! Où est-il? Que fait-il?
Je vous demande un peu s'il ne ferait pas mieux de
trier des légumes et d'étaler des fruits dans ma boutique que de courir la prétentaine?

MARIOTTE.

Si c'est son idée...

MADAME AUGEREAU.

C'est une mauvaise idée : un fils ne doit pas quitter
sa mère !

GANIVET.

Y a des circonstances où...

MADAME AUGEREAU.

Non! Y a pas de circonstances! Je ne l'ai pas
quitté, moi, quand il était jeune... et, à présent que je
me fais vieille, il devrait être là... chacun son tour !
Tenez, je ne suis pas méchante... Tout le monde sait
ça ! Eh bien, s'il paraissait tant seulement devant moi
en ce moment..

MARIOTTE.

Vous lui sauteriez au cou.

MADAME AUGEREAU.

Moi ? je lui... je... Eh bien! oui, là ! Je lui sauterais
au cou et je lui dirais: Ah ! garnement ! Peux-tu ainsi
faire pleurer ta pauv' vieille mère.

SCÈNE III

LES MÊMES, AUGEREAU, costume rappelant celui d'un
maître d'armes. Il est entré et a entendu la dernière phrase.

AUGEREAU.

Et le garnement te répondrait par deux bons gros
baisers!

Il lui tend les bras.

MADAME AUGEREAU, poussant un cri.

Ah!

AUGEREAU.

Allons donc !

MADAME AUGEREAU, se jetant dans ses bras.

Pierre!

Ils s'embrassent.

GANIVET, à part.

Cristi! Ça m'émouve!

MARIOTTE, à Ganivet.

C'est un bel homme!

GANIVET, se posant.

Y a aussi bien.

MADAME AUGEREAU.

Comment, c'est toi?

AUGEREAU.

Eh! oui! c'est moi! Moi, qui reviens et, cette fois, pour ne plus te quitter.

MADAME AUGEREAU.

Vrai?

AUGEREAU.

Puisque je te le dis !

MADAME AUGEREAU.

Tu resteras toujours près de moi?

AUGEREAU.

A perpétuité!... J'ai couru le monde... j'ai voulu voir du pays et je reviens convaincu qu'il n'y a sous le ciel rien de meilleur qu'une mère, rien de si beau que la France!.. à présent surtout que cette chère patrie a changé de régime en changeant de drapeau... A

présent que, pour arriver, on n'a pas besoin d'un nom
tout fait, et qu'il est permis de s'en faire un. Là-bas,
à l'étranger, en Italie, on parlait déjà de se mêler de
nos affaires, de venir mettre le holà chez nous... Alors,
je me suis dit : Ma place est à Paris... à Paris, qui
est le cœur de la France !... Si la patrie a besoin de
ses enfants, il ne faut pas qu'un seul manque à l'ap-
pel, et quand elle criera : A moi, mes fils ! aux armes !
Pierre Augereau sera là pour répondre : Présent !

GANIVET, à part.

Crédié ! Y m'ébullitionne !

MADAME AUGEREAU, souriant.

Si c'est ça que tu appelles rester près de moi à perpétuité...

AUGEREAU.

Ah ! dame ! Que veux-tu ? On est patriote !

GANIVET, à part.

Il a mes sentiments ! quoi ! Tout à fait mes sentiments !

MADAME AUGEREAU.

Enfin te voilà, et pour le moment, c'est le princi-
pal !

AUGEREAU.

Oui ! me voilà ! Salut, mon vieux faubourg Saint-Marceau, où je suis né et où je vais pouvoir respirer librement !

MADAME AUGEREAU.

Librement ? C'est-y que tu étais captif, là-bas ?

AUGEREAU.

Captif ! Moi ?... Allons donc ! un professeur d'es-
crime passe partout... Et je donnais à Naples des leçons de pointe.

MADAME AUGEREAU.

Des leçons de pointe ! Eh bien, moi aussi, je vais en

pousser une de pointe... jusqu'à celle de Saint-Eustache !
Il faut que les commères sachent que mon fils est revenu !... Je veux qu'on le voie, mon fils, je veux le
montrer...

GANIVET, à part.

Comme le bœuf gras !

MADAME AUGEREAU.

Je veux qu'on l'admire ! Regardez-moi cette pres,
tance ! Est-il superbe ! Et cette moustache ! Tiens !
Rembrasse-moi !

AUGEREAU.

Brave mère !

Il l'embrasse.

MARIOTTE, à Ganivet.

Est-il bon ! Non, mais est-il bon !

GANIVET.

C'est pour ça qu'elle en mange !

AUGEREAU.

A propos ! Et Emilie ? où donc est-elle ?

MADAME AUGEREAU, triste et embarrassée.

Emilie...

AUGEREAU.

Oui.

GANIVET, bas à Mariotte.

V'là le moment difficile !

MADAME AUGEREAU, à Ganivet et à Mariotte.

Allez un peu par là voir si j'y suis, vous autres !

Elle désigne la droite.

MARIOTTE.

Oui, patronne !

GANIVET, à Mariotte.

C'est bien inutile, puisque nous en savons autant
qu'elle ! Enfin ! si ça lui fait plaisir à la patronne.

Ils sortent.

1.

SCÈNE IV

MADAME AUGEREAU, AUGEREAU.

AUGEREAU.

Que se passe-t-il donc ? Cet air embarrassé...

MADAME AUGEREAU.

Y se passe... ou plutôt, y s'est passé bien des choses depuis ton départ, mon garçon.

AUGEREAU, inquiet.

Emilie ?

MADAME AUGEREAU.

Tu ne la reverras plus.

AUGEREAU.

Morte ?

MADAME AUGEREAU.

Plût au ciel !

AUGEREAU.

Laisse le ciel tranquille, je t'en prie, et explique-toi.

MADAME AUGEREAU.

Emilie est partie !

AUGEREAU.

Partie ?

MADAME AUGEREAU.

Elle a quitté cette maison... elle m'a quittée, moi, qui la chérissais comme ma fille !

AUGEREAU.

Partie ? Je ne comprends pas.

MADAME AUGEREAU.

Si tu m'avais donné de tes nouvelles, je t'aurais
écrit la chose... Mais rien ! Est-ce que je savais où te
trouver, moi ! Est-ce que je savais tant seulement si
t'étais mort ou vivant !

AUGEREAU.

Enfin ?

MADAME AUGEREAU.

Un soir... il y a dix ans de cela... en revenant de la
halle, je ne la vis pas, comme d'habitude, courir au-
devant de moi !... Inquiète, je cherchai partout... J'al-
lai dans sa chambre... Elle était vide... Mais une
lettre attira mes regards... Je la pris et... c'est ainsi
que je connus la faute qu'Emilie venait de commettre.

AUGEREAU.

Ah ! (Passant sa main sur ses yeux.) Ah ! Tiens ! Cela
me fait mal !

MADAME AUGEREAU.

Imite-moi, Pierre, oublie l'ingrate !

AUGEREAU.

Je me faisais une fête de la revoir... car, moi aussi,
je l'aimais ! Je la considérais comme ma sœur.

MADAME AUGEREAU.

Je savais bien que tu pleurerais !

AUGEREAU.

Et... elle a suivi ?...

MADAME AUGEREAU.

Pardine ! un noble ! un homme riche ! Ah ! mais
qu'elle ne s'avise pas de revenir.

AUGEREAU.

Tu la repousserais ?

MADAME AUGEREAU.

Moi... je ne sais pas ce que je ferais ! Mais tout le

quartier s'amouterait pour l'empêcher d'arriver jusqu'ici ! Quand les voisins ont appris ça, ils ont été indignés. (Autre ton.) Allons, voyons, ne me gâte pas ma journée ! Te voilà, toi ! Tu es revenu ! Laisse-moi toute à ma joie.

AUGEREAU, pensif.

Oui, oui, tu as raison !

MADAME AUGEREAU, s'apprêtant à sortir.

Ne bouge pas de là, surtout ! Ne me fais pas faire un pas de clerc ! attends-moi ! ou plutôt, attends-nous. J'vas revenir avec une kyrielle de monde... Tu vas voir ça.

AUGEREAU.

Va ! va !

MADAME AUGEREAU, de la porte.

Ah ! maintenant, je suis heureuse ! Mon garnement est près de moi !

Elle sort.

SCÈNE V

AUGEREAU, puis GANIVET et MARIOTTE.

AUGEREAU.

Je revenais gai... le cœur joyeux... et voilà qu'une mauvaise nouvelle... Emilie ! Cette enfant ! Enfant... quand je l'ai quittée... j'oublie qu'il y a onze ans de cela... elle en avait quinze alors. Ah ! c'est mal ce qu'elle a fait là... c'est bien mal.

Rumeurs au fond.

GANIVET, revenant avec Mariotte et courant à la porte du fond.

Ah ! ah ! Il y a du nouveau.

UNE VOIX.

V'là c' qui vient d' paraître. Demandez la déclara
tion de la guerre !

AUGEREAU.

Hein ?

GANIVET.

Ça devait arriver ! Cours, Mariotte, faut savoir de
quoi qui retourne !

MARIOTTE.

Ou! ! oui ! J'y vas !

Elle sort.

AUGEREAU.

La déclaration de la guerre ?

GANIVET.

Tout le monde s'y attendait !

AUGEREAU.

Tout le monde... excepté moi !

GANIVET.

Comment, vous n'êtes pas plus au courant que ça ?

AUGEREAU.

Voilà plus de trois mois que j'arpente les grands
chemins ! En mettant pied à terre dans la cour des
messageries, je n'ai parlé à âme qui vive, pressé que
j'étais d'accourir ici !

GANIVET, voyant Mariotte qui revient un journal à la main.

Eh bien, monsieur Augereau, en v'là une de feuille ?
(Il la prend.) C'est précisément celle du citoyen Camille
Desmoulins : *Les révolutions de France.* Lisez et vous
en saurez bientôt autant que nous.

AUGEREAU, lisant.

« Hier, 20 avril 1792, la guerre a été déclarée à Fran-
çois II, roi de Hongrie et de Bohême ! » (A lui-même.)
La guerre !

GANIVET.

Ça vous fait pétiller le sang dans les veines, ce mot-
là, hein ?

AUGEREAU.

Oui !

Grand bruit au fond, dans la rue. — Emilie se précipite dans
la boutique.

SCÈNE VI

LES MÊMES, EMILIE, LA FOULE, au fond dans la rue.

ÉMILIE.

Protégez-moi !

AUGEREAU.

Qu'est-ce donc ?

GANIVET.

Mam'zelle Emilie !

AUGEREAU.

Elle !

Emilie chancelle, il la soutient dans ses bras.

LA FOULE, criant au fond.

Chassez-la ! chassez-la !

GANIVET.

Voulez-vous bien vous en aller, tas de braillards !
Viens, Mariotte, et empêchons-les d'entrer !

Ils sortent et ferment la porte.

SCÈNE VII

AUGEREAU, EMILIE.

AUGEREAU, faisant asseoir Emilie.

Emilie... remets-toi!... Voyons, tu me reconnais
bien?... Pierre!

ÉMILIE, d'une voix faible.

Pierre!

Elle baisse la tête et pleure.

AUGEREAU.

Tu pleures... oui! Je te comprends!

ÉMILIE.

Pardon, Pierre! pardon!

AUGEREAU.

Qu'ai-je à te pardonner? Tu ne m'es de rien! Enfant trouvée, abandonnée sur les marches de Notre-
Dame, ma mère t'a recueillie... élevée... Nous avons
grandi ensemble... comme frère et sœur... Je me ré-
jouissais de te revoir belle et honnête... Belle... tu
l'es... mais... c'est tout! Ah! Tiens! tu as raison de
pleurer!

ÉMILIE.

Pierre! Ne m'accable pas! Si tu savais...

AUGEREAU.

Qu'ai-je besoin de savoir? Tu ne me dois aucun
compte? D'ailleurs, n'est-ce pas toujours la même
chose? Le travail t'ennuyait... La mère t'obsédait... Il
te fallait des toilettes... l'oisiveté... il te fallait...

ÉMILIE.

Ah! il me condamne!

AUGEREAU.

Qui pourrait t'absoudre ?

ÉMILIE.

Ceux qui m'écouteraient, car ceux-là auraient pitié de moi !

AUGEREAU.

Tu as vu, tout à l'heure, les gens du quartier...

ÉMILIE.

Est-ce que j'ai pu leur crier ma défense ? Je n'ai pensé qu'à fuir... éperdue... honteuse !... Honteuse... oui ! car, quoi que je fasse, je ne parviendrai pas à me réhabiliter, je le sais ! Nous, pauvres filles, que l'amour aveugle, nous sommes coupables de nous laisser séduire... Nous luttons, nous étreignons notre cœur à deux mains... Nous ne voulons ni voir, ni entendre... Alors, on nous accable de promesses... de serments... on nous dit : l'autel est prêt... viens ! Je te donnerai mon nom, et, réhabilitée, tu reparaîtras aux yeux des tiens... Nous croyons... et, quand nous avons franchi le seuil de notre maison... quand celui qui nous a trompées se démasque enfin, il est trop tard ! Nous sommes des filles tombées... perdues... que l'on chasse !... Ah ! Pierre ! Pierre ! Si tu savais ce que j'ai souffert ! Depuis dix ans que je suis liée à cet homme, j'expie cruellement ma faute, va !

AUGEREAU.

Pourquoi n'es-tu pas revenue plus tôt?

ÉMILIE.

Parce que... parce que je suis mère !

AUGEREAU, avec pitié.

Malheureuse !

ÉMILIE.

Ah ! oui ! Malheureuse ! Bien malheureuse !... j'espérais toujours que celui qui m'avait promis son nom tiendrait enfin sa promesse... à présent...

AUGEREAU.

A présent ?

ÉMILIE.

Il part. La guerre est déclarée... il va se battre.

AUGEREAU.

Pour la France ?

ÉMILIE.

Non !

AUGEREAU.

Ah !

ÉMILIE.

Sa trahison envers moi ne serait rien. J'en souffri-
rais seule que je ne me plaindrais pas... Je me dirais :
C'est le châtiment !.. Et je m'inclinerais ! Mais il veut
me prendre mon fils !..Comprends-tu, Pierre? Mon fils !
Le seul être qui me rattache à ce monde... car, sans
lui, je serais morte depuis longtemps! Il veut me le
prendre, parce que j'ai déclaré hautement que je ne
quitterais pas Paris !... Le suivre! Lui! Ah! Dieu,
non! Ma chaîne est brisée et ce n'est pas moi qui la
renouerai !

AUGEREAU.

Et il veut t'obliger à l'accompagner?

ÉMILIE.

Oui! Non pas parce qu'il m'aime! Est-ce que cet
homme peut aimer? Parce que je suis sa chose, son
jouet... Parce qu'il veut me montrer .. là-bas, à l'armée des traîtres où il est attendu... Quant à mon enfant... le sien... il le hait (Mouvement d'Augereau.) J'en
suis sûre. Il n'a jamais voulu le voir. Au sortir de
nourrice, je l'avais placé chez de braves gens. Hier, il
l'a envoyé chercher et, sans le faire venir à l'hôtel, il
l'a fait conduire... où?... Je l'ignore! Ah! si je le savais!...J'ai prié, supplié !... A mes prières, à mes lar

mes, cet homme m'a répondu froidement : Accompagnez-moi! J'ai refusé en l'implorant encore! Il est resté inflexible!... Alors, folle, ne sachant ce que je faisais, je suis accourue ici... instinctivement! Je voulais me jeter aux pieds de celle qui fut ma bienfaitrice... aux pieds de ta mère et l'implorer pour qu'elle vienne avec moi arracher mon enfant des mains de cet infâme.

AUGEREAU.

Ma mère ne t'aurait probablement pas écoutée.

ÉMILIE.

Et toi?

AUGEREAU.

Je te plains et je te pardonne!

ÉMILIE, joyeuse.

Ah!

AUGEREAU.

Tu es celle qui as partagé les joies de mon enfance. Je t'ai appelée ma sœur! Tu es orpheline, seule sur la terre. A défaut de parents, tu peux compter sur un ami!

ÉMILIE.

Ah! Pierre! merci. Merci ! Et maintenant, viens trouver cet homme ! Il ne peut encore avoir quitté l'hôtel! viens!

SCÈNE VIII

Les Mêmes, LE COMTE.

LE COMTE, au fond, parlant à la cantonade.

C'est bien! Attendez à quelques pas d'ici.

ÉMILIE.

Lui!

AUGEREAU, le regardant et poussant un cri en réprimant un mouvement.

Ah!

LE COMTE, sans voir Augereau.

Je ne m'étais pas trompé! En vous voyant partir, après la scène ridicule que vous m'avez faite, je me suis dit : C'est ici que je la retrouverai! Allons, suivez-moi! La chaise de poste nous attend; venez!

ÉMILIE, reculant.

Non!

LE COMTE.

Ah! c'en st assez et je vais...

Il va pour lui prendre le bras.

AUGEREAU, bondissant devant lui.

Je vous défends de porter la main sur elle !

LE COMTE.

Misérable!

AUGEREAU.

Regardez-moi donc bien en face, monsieur le comte de Brinoy et dites-moi quel est le misérable de nous deux! (Le comte fait un mouvement.) Si vous ne me reconnaissez pas, laissez-moi vous raconter une histoire qui s'est passée, il y a onze ans en Italie... dans les troupes napolitaines où vous serviez en qualité de capitaine.

LE COMTE.

Ah!

AUGEREAU.

Inutile, n'est-ce pas? J'en ai assez dit... car, moi aussi, je servais dans ces mêmes troupes : Pierre Augereau ! (Mouvement du comte.) Merci de vous souvenir de moi. A cette époque, vous avez été chassé comme traître ! Vous

serviez l'Italie et vous étiez à la solde de l'Autriche !
On a failli vous pendre, ma foi !... on a eu bien t rt
de faillir !... quoi qu'il en soit, je vous chasse à mon
tour de chez moi comme vous avez été chassé de l'armée ! Allons ! hors d'ici !

LE COMTE.

Ah ! vous êtes ici chez vous ? Bien ! fort bien... et je
comprends à présent pourquoi madame refuse de me
suivre !

ÉMILIE.

Oh !

AUGEREAU.

Qu'osez-vous dire ?

LE COMTE.

Rien !

ÉMILIE.

Rendez-moi mon enfant et je consens à vous accompagner !

LE COMTE.

Non ! je ne puis, à présent, acquiescer à votre désir !...
(A Augereau.) Nous nous reverrons, monsieur Augereau.

AUGEREAU.

Ne le souhaitez pas !

ÉMILIE.

Pierre !... Reprends-lui mon fils !

LE COMTE, sur le seuil.

Je vous en défie ! Il est à moi et vous ne me l'arra
cherez pas !

ÉMILIE, chancelant et s'appuyant sur le dossier d'une chaise.

Ah !

AUGEREAU.

Ah ! je te tuerai !

LE COMTE.

A moins que je ne vous tue!

AUGEREAU.

Lâche!

LE COMTE, ricanant.

Au revoir, monsieur Augereau.

Il sort.

SCÈNE IX

AUGEREAU, ÉMILIE.

ÉMILIE, égarée.

Mon enfant!

AUGEREAU.

Émilie... je t'en prie!

ÉMILIE.

Que faire? Que devenir?... Je ne puis rester dans l'inaction cependant!... Et il part... Il est parti!... « Vous ne me l'arracherez pas » a-t-il dit!... Ah! c'est ce que nous verrons!... (Comprimant son front à deux mains.) Où aller? De quel côté diriger mes pas? Pierre! conseille-moi! Parle-moi! Dis-moi quelque chose! Tu vois bien que je deviens folle!

AUGEREAU.

Émilie!

ÉMILIE, tout à coup.

Ah! je me souviens! La frontière! Je lui ai entendu dire qu'il allait à la frontière! Eh bien! j'irai!

AUGEREAU.

Émilie!

ÉMILIE.

Je veux mon fils, moi! Et pour le ressaisir, j'irais
au bout du monde! Pierre! tu m'as pardonné...
merci! Prie pour moi, si la prière peut quelque chose,
et, si jamais tu revois cet homme, reprends-lui mon
bien, ma vie, mon espoir ici-bas ou tue-le!

AUGEREAU.

Je te le jure!

ÉMILIE, arrachant un médaillon qu'elle a au cou et le lui donnant.

Tiens! pour mon enfant! Pour mon André... s'il t'est
donné de le voir avant moi. Et maintenant, adieu!

Elle va pour sortir.

SCÈNE X

AUGEREAU, ÉMILIE, MADAME AUGEREAU,
MADAME TRILLARD, FEMMES DE LA HALLE.

MADAME AUGEREAU, paraissant au fond.

Par ici, les commères! par ici!

ÉMILIE, redescendant.

Ah!

MADAME AUGEREAU, suivie des commères; voyant Émilie.

Émilie!... Toi?...

Rumeurs des femmes.

AUGEREAU, tenant Émilie qui s'est réfugiée, près de lui.

Qu'ordonnes-tu, ma mère?

MADAME AUGEREAU.

Qu'elle parte!

AUGEREAU.

Soit! (A Émilie.) Viens!

MADAME AUGEREAU, interdite.

Hein?

AUGEREAU.

Je lui ai pardonné! Je ne l'abandonnerai pas!

MADAME AUGEREAU.

Mais elle est...

AUGEREAU.

Elle est malheureuse! Elle souffre!

MADAME AUGEREAU.

Par sa faute! (A Émilie.) Que te manquait-il ici? Je
n'étais pas ta mère, c'est vrai! Mais je t'aimais bien!
Rien que ça aurait dû te faire reculer! Tu n'as pas eu
de pitié pour moi... pourquoi donc en aurais-je pour
toi? Va-t'en! Ta place n'est plus ici! (A Augereau.) Quant
à toi, suis-la, et tu seras un mauvais fils! Allez et ne
vous souvenez plus de moi!

AUGEREAU.

Ah! ma mère! Tu es devenue méchante!

MADAME AUGEREAU, bondissant.

Méchante! Moi? Qu'est-ce qui a dit ça? Toi? c'est
toi, Pierre, qui m'accuses d'être méchante? Jour de
Dieu! c'est la première fois qu'on dit ça de la mère
Augereau! Je suis juste, entends-tu? Toute honnête
femme agirait comme moi! Je ne peux pas oublier et
je n'oublierai ja...

> Elle reste interdite en voyant Émilie qui s'agenouille devant
> elle en sanglotant.

ÉMILIE.

Pardon!

MADAME AUGEREAU.

Hein! qu'est-ce qu'elle fait? Elle est à genoux...
devant moi!

AUGEREAU.

Et elle pleure!

MADAME AUGEREAU, émue.

Et elle...

ÉMILIE, au milieu de ses larmes.

Pitié! Ne me refusez pas votre pardon!

MADAME AUGEREAU.

Que... que je!... Ah! ma foi! Je n'y tiens plus, moi!
Allons, relève-toi! on dira ce que l'on voudra! Et si
les dames de la halle jasent trop haut, on leur rabais-
sera le caquet! Relève-toi, que je te dis! Puisque le
fils pardonne, la mère fait comme le fils!

Elle lui ouvre ses bras.

ÉMILIE, s'y précipitant.

Ah!

MADAME AUGEREAU.

Eh bien, les commères?

MADAME TRILLARD.

Après ça, c'te p'tite... ce qui lui est arrivé peut arriver à tout le monde!

UNE FEMME.

Pardine!

ÉMILIE, s'arrachant des bras de madame Augereau et avec
résolution.

A présent que vous m'avez embrassée, adieu!

MADAME AUGEREAU, interdite.

Tu pars?

ÉMILIE.

Vous avez retiré votre malédiction, soyez bénie!
(De la porte.) Pierre! souviens-toi! moi, je vais chercher
mon fils.

Elle sort éperdue.

TOUTES.

Son fils!

MADAME AUGEREAU, sortant en courant suivie des
femmes.

Émilie! Émilie!

AUGEREAU, qui était remonté.

Pauvre fille !

Il les suit lentement.

Changement à vue.

DEUXIÈME TABLEAU

Le départ des volontaires.

Une rue de Paris. — A droite, premier plan, la boutique de madame Augereau avec cette enseigne: *madame Augereau, marchande de fruits et de légumes.* — A gauche la boutique de
madame Trillard ayant également une enseigne : *madame Trillard, marchande de beurre, lait et œufs frais.*

SCÈNE PREMIERE

MADAME TRILLARD, MADAME AUGEREAU.

Au changement, madame Trillard entre par sa boutique et place
des paniers devant sa porte.

MADAME AUGEREAU, sortant de chez elle.

Ah! ah! vous v'là, mame Trillard.

MADAME TRILLARD.

Comme vous voyez, mame Augereau!

2

MADAME AUGEREAU, s'occupant de sa boutique.

Ça ne va pas fort, le commerce, hein?

MADAME TRILLARD.

Pas trop!

MADAME AUGEREAU.

Personne dans les rues...

MADAME TRILLARD.

Je crois bien. Tout le monde court sur les places. Je ne sais pas ce qui arrive.

MADAME AUGEREAU.

C'te maudite politique paralyse les affaires. Si ça continue, où ça nous mènera-t-il ?

MADAME TRILLARD.

Et vot'fils, mame Augereau... Ous qu'il est ?

MADAME AUGEREAU.

Ne m'en parlez pas!... Ah! ils sont jolis, les enfants! Éreintez-vous donc à les faire! On crie dans 'a rue, il part! Sauf ça, j'ai pas à m'en plaindre, certainement! Mais enfin, c'est pas une profession de trotter du matin au soir sous le prétexte de savoir ce qui se passe. Avec ça, j'ai encore un autre souci...

MADAME TRILLARD.

Ah! Lequel ?

MADAME AUGEREAU.

Croyez-vous donc que je ne devine pas ce qu'il pense?... Il veut aller se battre, quoi! Et, comme on parle de levée en masse, d'enrôlements volontaires, il va encore me quitter.

MADAME TRILLARD.

Dites-lui que vous ne le voulez pas !

MADAME AUGEREAU.

Je ne peux pas lui dire ça, madame Trillard... J'parlerais contre ma conscience.

ACTE PREMIER

MADAME TRILLARD.

Ah! ben alors!

MADAME AUGEREAU.

Faut laisser faire les choses!

MADAME TRILLARD.

Et Émilie?

MADAME AUGEREAU.

C'est un autre crève-cœur! Depuis trois mois qu'elle est partie... pas de nouvelles!

Rumeurs éloignées.

MADAME TRILLARD.

Allons ! qu'est-ce qu'il y a encore ?

SCÈNE II

LES MÊMES, GANIVET.

GANIVET, accourant.

Mame Augereau! Mame Augereau!

MADAME AUGEREAU.

Hein? quoi?

MADAME TRILLARD.

Quéque t'as, mon garçon?

GANIVET.

J'ai... j'ai que j'suis t'ébloui, fasciné!

MADAME AUGEREAU.

Tu es fou! .

GANIVET.

P't'être bien! Mais, en tous cas, c'est la patrie qui profitera de ma folie.

MADAME AUGEREAU.

La patrie?

GANIVET.

Je vous quitte, mame Augereau! Je quitte la boutique!

MADAME AUGEREAU.

Tu me quittes, toi?

GANIVET.

J'ai cette douleur.

MADAME AUGEREAU.

Toi, qui es à mon service depuis dix ans?

GANIVET.

On n'est pas maitre des évènements! Et il vient de
s'en passer un qui m'ébauits des pieds à la tête:
j'viens de m'enrôler.

MADAME TRILLARD.

Toi?

GANIVET.

Moi... oui! J'ai signé! Ça y est! c'est fait!... Y a
plus à y revenir! J'en suis pas mécontent... un peu
ahuri... mais pas mécontent!

MADAME AUGEREAU.

Ah! ça! Explique-toi, voyons!

GANIVET.

V'là c'que c'est! Approchez, mame Trillard... faut
pas en perdre une bouchée! Ce matin, j'étais sur le pas
de la porte à prendre l'air... On ne peut pas toujours
travailler, pas vrai?

MADAME AUGEREAU.

Va donc!

GANIVET.

Je vas. Je regardais à droite... je regardais à gauche quand tout à coup, en regardant devant moi, je vois
courir!... Y en avait-il du monde! Des hommes surtout!
Je me dis: Puisque je suis un homme, allons voir ce
qu'il y a... et je courus aussi!... Ah! mame Augereau!
ah! mame Trillard. Que c'était beau!

MADAME AUGEREAU.

Quoi?

GANIVET.

L'autel de la patrie!... Là-bas, au bout de la rue...
sur la place, on a organisé une estrade ornée de drapeaux, de guirlandes de fleurs, de feuillages... sur
cette estrade, des représentants du peuple qui parlent.
Ce qu'ils disent, je n'en sais rien! Mais comme ils parlent bien! A côté d'eux, sur une table, un grand registre qui est ouvert... un registre tout blanc... il n'y a
ni écriture ni imprimé dessus... n'y a que des noms
avec des parafes... Tout le monde fait la queue pour
monter sur l'estrade! J'ai fait comme tout le monde!
Quand j'ai été arrivé, j'ai entendu dire: le pays est
menacé! Les braves qui signent sur ce registre iront
repousser l'étranger!... Cristi! j'suis t'un brave, moi!
J'en ai pe t-être pas l'air. mais j'en suis t'un! j'ai
pris la plume et j'ai signé de mes deux noms: Chrysostôme Ganivet et j'suis redescendu de l'autre côté en
criant: Vive la France!

MADAME AUGEREAU.

Eh bien! En voilà bien d'une autre!

Elle retourne à son état ainsi que madame Trillard.

GANIVET, continuant.

Et ça y est! J'suis t'incorporé!

SCÈNE III

LES MÊMES, MARIOTTE.

MARIOTTE, qui entrait des légumes sous le bras.

Hein! quéque tu dis?

GANIVET.

Tiens, v'là Mariotte! Mariotte, viens recevoir mes
adieux.

2.

MARIOTTE,

Tu pars?

GANIVET,

Comme un seul homme!

MARIOTTE.

Et sans moi?

GANIVET,

Qu't'es donc bêtasse, ma'pauvr' Mariotte! Non, mais qu't'es donc bêtasse! Puisque j'suis soldat, tu ne peux pas être soldate.

MARIOTTE.

Ah! j'peux pas? Je serai n'importe quoi pour te suivre. T'es mon promis!

GANIVET.

Mais quand je voulais t'épouser, tu me répondais toujours: plus tard!

MARIOTTE.

Fallait m'attendre!

GANIVET.

J'ai pas eu le temps!

MARIOTTE.

Ah! c'est comme ça! Et quand pars-tu?

GANIVET.

Au premier moment. Tout de suite! Parait que c'est pressé!

MARIOTTE, à madame Augereau.

Mame Augereau! Mame Augereau!

MADAME AUGEREAU.

Qué que tu veux, ma fille?

MARIOTTE.

Je vous quitte! Je quitte la boutique!

MADAME AUGEREAU.

Comment! Toi aussi?

MARIOTTE.

Oui! Moi aussi! Je vais m'enrôler!

MADAME AUGEREAU.

Hein?

MARIOTTE.

Vivandière! On en demande! (A Ganivet.) Attends-moi! Ça ne sera pas long!

GANIVET.

Mais...

MARIOTTE.

J'vas revenir, que je te dis! J'vas revenir! .

Elle sort en courant par le fond.

MADAME AUGEREAU.

C'est comme une épidémie! Après tout, je comprends ça et si j'étais homme... Allons bon! A quoi vais-je penser?

Elle retourne à sa porte.

GANIVET, qui était remonté pour suivre Mariotte des yeux, redescendant, à lui-même.

Ça me fera une société!... Ça n'est pas plus désa gréable que ça!

On entend le canon.

MADAME AUGEREAU.

Qu'est-ce que c'est que ça?

SCÈNE IV

Les Mêmes, AUGEREAU.

AUGEREAU.

C'est la France qui a pris sa plus grosse voix pour crier: Enfants, la patrie est en danger!

MADAME AUGEREAU.

J'ai compris! Et... tu pars?

AUGEREAU.

Ne te désole pas, mère! Oui, je pars! En un pareil moment, ma place n'est pas sur le pavé de Paris.

MADAME AUGEREAU.

Quand tu ne seras plus là... je pleurerai toutes les larmes de mon corps; et pourtant, moi, ta mère, je te dis : Pars, mon garçon! Pars comme les autres! Mais tâche de revenir surtout!

AUGEREAU.

Rassure-toi, je ferai mon possible!

MADAME TRILLARD.

Alors, c'est fini! C'est la guerre?

AUGEREAU.

Oui! Les séances de l'assemblée sont déclarées permanentes. Toute la garde nationale est en mouvement. On enrôle sur les quais, sur les places; quinze mille hommes se sont déjà fait inscrire depuis une heure et je suis de ces quinze mille-là!

GANIVET.

Moi aussi!

AUGEREAU.

On annonce que la garde nationale de Paris fournira à elle seule quarante-huit mille hommes à l'armée de Kellermann.

GANIVET.

Quarante-huit mille et un hommes ! cristi! Je compte, moi!

AUGEREAU.

J'ai rencontré d'anciens camarades....des amis... ils se sont enrôlés aussi... Ils vont venir me prendre.

GRIS, à gauche.

Augereau! Augereau!

AUGEREAU.

Eh, tenez! les voici!

Entrent une dizaine de jeunes gens. Tous portent un paquet, les uns sous le bras, les autres au bout d'un bâton.

SCÈNE V

Les Mêmes, Les Jeunes Gens,
puis Tous Les Volontaires,
parmi lesquels se trouvent Des Gardes Nationaux,
et MARIOTTE.

TOUS LES JEUNES GENS, entrant en criant.

Augereau! Augereau!

AUGEREAU.

Me voilà, mes amis! (A madame Augereau.) Allons, mère! Du courage! Et console-toi, c'est pour la France!

Il l'embrasse.

MADAME TRILLARD, qui remonte en entendant le tambour.

En v'là encore! Ah! y en a-t-il! y en a-t-il!

AUGEREAU.

C'est la section du faubourg Saint-Marceau! Nous allons nous joindre à elle! (Allant au fond à droite et criant.) Par ici, les amis! par ici! (Entrent tous les volontaires suivant un tambour et un des leurs qui porte un drapeau.) Amis! nous allons grossir vos rangs et nous ne serons pas les seuls! Tous les hommes valides tiendront à honneur de courir sus à l'étranger! Salut, drapeau de la France! (Le prenant.) Les belles couleurs! Comme ça brillera bien au grand soleil! J'espère le porter un jour, ce drapeau-là... un jour de bataille! Et, devant l'ennemi, avec ça... je passerai partout, à travers les balles, la mitraille... et on le suivra, ce drapeau, quand il sera porté par un bras solide... et quand la voix de la patrie criera : En avant!

SCÈNE VI

Les Mêmes, UN OFFICIER D'ARTILLERIE, qu'
passait, s'arrêtant et écoutant les dernières paroles d'Augereau.

L'OFFICIER.

Bien dit, mon garçon!

AUGEREAU.

Mon officier!

L'OFFICIER.

Saluez la nouvelle aurore qui se lève, car avec elle la France sort de sa torpeur! A l'étranger qui veut nous asservir, elle répond fièrement par un cri de guerre! L'ennemi est à nos portes et tout Paris court aux armes! Enfants! à la frontière!

TOUS.

A la frontière!

L'OFFICIER.

Ah! que ne puis-je vous suivre et combattre avec vous!

AUGEREAU.

Eh quoi! vous ne partez pas, mon officier?

L'OFFICIER.

Non. On me laisse à Paris sans emploi. Mais je ne

désespère pas encore et peut-être qu'un jour nous nous retrouverons au feu !

AUGEREAU.

Ce jour-là, mon officier, souvenez-vous de Pierre Augereau, volontaire de 92.

L'OFFICIER.

Et vous, mon ami, souvenez-vous de Napoléon Bonaparte, lieutenant au 4ᵉ régiment d'artillerie.

Augereau fait le salut militaire. L'officier se retire lentement.
A ce moment, on entend, à droite, dans la coulisse une musique militaire qui joue le prélude du Chant du départ.

GANIVET, qui regarde.

C'est la lyre faubourienne qui vient nous faire la conduite.

AUGEREAU.

Qu'elle soit la bienvenue ! A vos rangs, volontaires !

TOUS.

A nos rangs !
Ils se placent à droite et à gauche. — La musique qui se rapproche graduellement attaque le Chant du départ.

AUGEREAU, son drapeau à la main, chantant.

La victoire en chantant, nous ouvre la barrière,
    La liberté guide nos pas !
Et du Nord au Midi, la trompette guerrière
    A sonné l'heure des combats.
    Tremblez, ennemis de la France !
    Rois ivres de sang et d'orgueil,
    Le peuple souverain s'avance,
    Tyrans, descendez au cercueil !
    Ici la musique entre en scène.

LES VOLONTAIRES, en chœur.

La République nous appelle,
Sachons vaincre ou sachons mourir,
Un Français doit vivre pour elle, } *Bis.*
Pour elle un Français doit mourir!

Tous les volontaires défilent musique en tête. Augereau est au milieu, avec madame Augereau. Mariotte qui est entrée également a pris le bras de Ganivet, et tous les deux suivent le défilé; acclamations, vivats.

Rideau.

ACTE DEUXIÈME

TROISIÈME TABLEAU

La Bataille de Valmy.

20 *septembre* 1792.

Le plateau et le moulin de Valmy. Le moulin, praticable avec une petite fenêtre face au public, est au premier plan à droite.

SCÈNE PREMIÈRE

LE SERGENT BARNABÉ, SENTINELLES, SOLDATS, puis UN CAPITAINE, et LE COMMANDANT OUDINOT, suivi du CAPITAINE MORTIER et du LIEUTENANT D'ARTILLERIE FOY, puis DAVOUST.

Au lever du rideau, des soldats sont campés, les armes en faisceaux. Des sentinelles sont postées à différents points.

LA SENTINELLE, au fond, criant à gauche.

Qui vive ?

LE CAPITAINE.

Aide de camp du général Kellermann !

Il entre.

BARNABÉ, s'avançant, faisant le salut militaire.

Mon capitaine ?

LE CAPITAINE.

Le commandant Oudinot ?

BARNABÉ, voyant Oudinot qui entre par la gauche.

Le voici !

OUDINOT.

Qu'y a-t-il, capitaine ?

LE CAPITAINE, lui donnant un pli cacheté.

Ordre du général en chef !

OUDINOT, lisant.

« A cinq heures précises, j'attaquerai. Gardez vos positions et tenez quoi qu'il arrive. » (A Mortier.) Capitaine Mortier, envoyez une partie de vos hommes en tirailleurs pour écarter d'ici les tirailleurs ennemis. (Mortier sort.) Lieutenant Foy, vous placerez deux pièces en batterie pour parer à toute éventualité. (Foy sort. — Au capitaine.) Allez dire au général Kellermann que nous tiendrons ici jusqu'à la mort. (Le capitaine s'incline et sort par la gauche. — A Davoust qui entre, portant l'uniforme de capitaine.) Ah ! Davoust ?

DAVOUST.

Commandant ?

OUDINOT.

Allons ensemble reconnaître les positions de l'ennemi.

DAVOUST.

A vos ordres, commandant.

Ils sortent par le fond droite.

SCÈNE II

BARNABÉ, Soldats, Sentinelles, puis ANDRÉ,
amené par Deux Autres Soldats.

BARNABÉ.

Paraît, les amis, que ça va chauffer...

UN SOLDAT.

Pas trop tôt ! On s'ennuie à se croiser les bras. Encore, si on avait une ou plusieurs cantinières.

BARNABÉ.

Oui. Ça ne serait pas mauvais pour faire passer le
temps. On pourrait se faire verser à la ronde et chan-
ter la gaudriole.

LE SOLDAT.

Mais rien... C'est pas assez !

BARNABÉ.

Bah ! les beaux jours viendront. Flanquons encore
quelques danses à messieurs les coalisés et nous irons
inspecter leurs caves.

LE SOLDAT.

Et leurs chambres à coucher !

BARNABÉ.

Eh ! eh ! gourmand ! Après tout, j'veux bien ! Du
moment que ce n'est pas moi qui paye.

UN SOLDAT, entrant par la droite, à André qu'un autre tient.

Allons, marche, moucheron !

BARNABÉ.

Qu'est-ce que tu nous amènes là ?

LE SOLDAT.

C'est un gamin que nous avons trouvé au coin du bois, blotti dans un taillis... il semblait se cacher.

BARNABÉ.

Oh ! oh ! c'est grave, ça ! (A André.) Avance, petit !

ANDRÉ.

Ne me faites pas de mal, monsieur le soldat !

BARNABÉ.

As pas peur ! Il est gentil, ce môme ! Comment t'appelles-tu ?

ANDRÉ.

André !

BARNABÉ.

André quoi ?

ANDRÉ.

André !

BARNABÉ.

André tout court?... ça peut se faire ! Je m'appelle bien Barnabé, moi ! Et d'où viens-tu ?

ANDRÉ.

Je ne sais pas.

BARNABÉ.

Ça, c'est pas catégorique. Allons, voyons, ne tremble pas. Tu pleures ?

ANDRÉ.

Je voudrais revoir maman.

BARNABÉ.

Ta maman ? Où est-elle ?

ANDRÉ.

Je ne sais pas.

BARNABÉ.

Ah çà ! tu ne sais donc rien ?

ANDRÉ.

Elle venait me voir souvent... bien souvent...

BARNABÉ.

Où ça ?

ANDRÉ.

Où j'étais... à la Tarvière !

BARNABÉ.

Connais pas cette capitale.

ANDRÉ.

Il y avait un moulin... comme celui-là... avec une petite rivière et un pont tournant... quand papa Mathieu voulait faire passer son bateau, il me criait : André, tourne le pont! Alors je tournais...

BARNABÉ.

Et tu faisais bien... parce que, quand on vous dit : tourne ! Il faut tourner ! mais, tout ça, ça ne m'apprend pas grand' chose. Qu'est-ce que c'est que papa Mathieu ?

ANDRÉ.

C'est celui chez qui je demeurais... avec mère Madeline.

BARNABÉ.

Ah ! ah ! Ta mère s'appelle Madeline ?

ANDRÉ.

Non, c'est la femme du meunier.

BARNABÉ.

Oui. Je n'y suis plus, moi. Mais alors, ta mère, comment s'appelle-t-elle ?

ANDRÉ.

Elle s'appelle maman !

BARNABÉ.

Ça, ça peut se faire... je m'appelle bien Barnabé !

ANDRÉ.

J'étais heureux, là-bas... Mère Madeline était bonne
pour moi... Elle m'aimait bien ! Le soir, elle me pre-
nait sur ses genoux et elle m'endormait avec une chanson.

BARNABÉ.

Une chanson... ça n'est pas désagréable, ça !

ANDRÉ.

Et quand maman venait me voir...

BARNABÉ.

Mère Madeline ?

ANDRÉ.

Non !

BARNABÉ.

Ah ! oui ! L'autre ! (à lui-même.) C'est drôle ! Je
m'embrouille de plus en plus, moi, dans c't' his-
toire-là.

ANDRÉ.

Je courais au devant d'elle. Comme elle était toujours triste...

BARNABÉ.

Mère Madeline ?

ANDRÉ.

Non, maman. Je la faisais sourire en lui répétant
le refrain que j'avais appris.

BARNABÉ.

C'est donc bien gai, ce refrain-là ?

ANDRÉ.

Pas trop.

BARNABÉ.

Voyons voir un peu pour voir!

ANDRÉ.

Si vous voulez.

Chantant tristement.

Air *nouveau de M. Georges Rose.*

Quand le vent fait tourner les ailes,
Les·blanches ailes du moulin,
Je chante toujours avec elles
Ce gai refrain:
Tin, tin, tin, tin!
C'est la chanson de Mathurin,
Tin, tin, tin, tin!
C'est la chanson de Mathurin!

BARNABÉ.

Hum! Ça n'est pas précisément folâtre!

ANDRÉ.

Ça me rappelle la Tarvière.

BARNABÉ.

Eh bien! Pourquoi que tu n'y es pas resté, à la Tarvière?

ANDRÉ.

Parce que l'homme est venu me chercher... il m'a emmené .. Papa Mathieu et mère Madeline pleuraient bien, allez, et moi aussi, je pleurais... Mais il a fallu partir... j'ai beaucoup marché... il me battait...

BARNABÉ.

Hein! un homme qui te battait?

ANDRÉ.

Oh! oui!

BARNABÉ.

Et quel est-il ce rhinocéros?

ANDRÉ.

C'est un méchant!

BARNABÉ.

Il a réponse à tout, ce gamin-là.

ANDRÉ.

Ce matin, nous étions dans le bois... il a vu des soldats habillés comme vous... Alors, il s'est sauvé en me
laissant seul... Je n'ai pas couru après lui... Oh! non!

BARNABÉ.

Je comprends ça.

ANDRÉ.

Et, comme j'étais fatigué, je me suis couché dans
l'herbe. C'est là qu'on m'a trouvé.

BARNABÉ.

Ça m'a tout l'air d'un espion, le particulier dont tu
parles. Et où allait-il? Tu dois le savoir?...

ANDRÉ.

Il parlait souvent de l'armée du duc....

BARNABÉ.

Du duc de Brunswick?

ANDRÉ.

Oui.

BARNABÉ.

Eh bien, mon petit, je ne suis pas éloigné de croire
que tu as eu affaire à une franche canaille. D'abord,
c'est un ennemi.

ANDRÉ.

A vous aussi?

BARNABÉ.

Il est drôle, ce gamin-là! Oui, à nous en général et
à toi en particulier. Eh bien, maintenant, mon petit
bonhomme, qu'est-ce que tu vas faire?

ANDRÉ.

Je voudrais bien rester avec vous.

BARNABÉ.

Diable! C'est que c'est pas facile, ça! (Coup de canon à droite.) Tiens, entends-tu c' te musique?

ANDRÉ.

Oui, c'est le canon!

BARNABÉ.

Et ça ne te fait pas peur?

ANDRÉ.

Oh! non! Je l'ai entendu bien souvent, le canon, depuis que j'ai quitté la Tarvière... C'est pas ça qui me fait peur... c'est le méchant!

> *Nouveaux coups de canon.*

BARNABÉ.

Corbleu! La danse va commencer!... Je ne peux pourtant pas abandonner ce moucheron... d'autant plus qu'il m'intéresse. (Désignant le moulin.) Tiens, entre là, après la bataille, si tu me revois, eh bien... eh bien! ça sera bon signe pour toi, mon garçon. (Le soulevant et l'embrassant.) Allons, va!

ANDRÉ.

Vous m'avez embrassé... Ah! je savais bien que vous étiez bon.

> *Nouveaux coups de canon.*

BARNABÉ.

Va! va vite!

ANDRÉ.

Oui, monsieur le soldat! (A la porte du moulin, regardant Barnabé.) Je l'aime bien, lui. (Regardant les autres.) Les autres aussi!... Mais pas le méchant!

> *Il entre dans le moulin.*

BARNABÉ, à lui-même.

Il m'a retourné, ce gamin-là.

UN SOLDAT, placé à gauche.

Attention, sergent, voilà le général en chef.

3.

BARNABÉ.

Bigre de bigre! A vos rangs! Portez armes!

*On entend battre aux champs à gauche. Kellermann paraît
à cheval suivi de deux aides de camp.*

SCÈNE III

BARNABÉ, Soldats, KELLERMANN, Aides de
camp, OUDINOT, DAVOUST.

KELLERMANN, à Oudinot qui entre en même temps que lui
suivi de Davoust.

Eh bien! commandant Oudinot, votre rapport?

OUDINOT.

Général, l'ennemi débouche par le grand pré et gravit
les hauteurs qui commandent la route de Châlons. Il
veut évidemment intercepter cette route et se placer
ainsi entre nous et Paris.

KELLERMANN.

Mon avant-garde occupera cette route avant lui. (Regardant le plateau.) Cette position me semble bonne.

OUDINOT.

Oui, si elle n'était pas elle-même commandée par
les hauteurs de Gizaucourt.

KELLERMANN.

J'ai donné l'ordre de s'emparer de Gizaucourt et de
s'y établir solidement.

OUDINOT.

Si j'ai bien apprécié les mouvements de l'ennemi,
c'est contre Gizaucourt qu'il tentera sa plus sérieuse
attaque.

KELLERMANN.

Prenez avec vous les bataillons de la Meuse, de
l'Yonne et de la Moselle. (Il écrit.) Donnez cet ordre au
général Valence qui vous fera soutenir par ses carabiniers et allez, en toute hâte, appuyer le mouvement du
colonel Tolozan qui doit à cette heure occuper le village de Gizaucourt.

OUDINOT.

Bien, général !

Il sort vivement.

SCÈNE IV

LES MÊMES, moins OUDINOT.

DAVOUST.

Si nous n'arrêtons pas l'ennemi, si nous ne le battons
pas ici... il marchera droit sur Paris.

KELLERMANN.

Ce que Dumouriez a su faire au défilé de l'Argonne,
nous le ferons à Valmy, n'est-ce pas, mes enfants?

TOUS.

Oui ! oui !

Coups de canon.

KELLERMANN.

Ah! ah! l'action est engagée à Gizaucourt! Soutenez
ici, mes braves, et repoussez l'ennemi s'il rompt nos
lignes.

*Les officiers font placer les soldats fond, l'arme à l'épaule,
André paraît à la fenêtre du m lin.*

SCENE V

LES MÊMES, ANDRÉ.

DAVOUST.

Général, la rivière, la Bionne qui passe derrière le moulin, et qui est très profonde sur tout son parcours, peut nous être précieuse pour arrêter l'ennemi de ce côté. (Il désigne la droite.) Mais, malheureusement, nous n'avons pas pensé au pont.

KELLERMANN.

Coupez-le... vivement !

DAVOUST.

Cela demanderait trop de temps, général, mais on peut le faire tourner... cinq ou six tours et le pont s'écarte.

KELLERMANN.

Un homme de bonne volonté.

Un soldat s'élance à droite au-dessus du moulin, coups de feu.

DAVOUST, qui regarde.

Il n'est pas même arrivé.

KELLERMANN.

Allons, mes braves, qui coupera le passage à l'ennemi?

Un autre soldat sort, coups de feu.

DAVOUST.

Mort !

KELLERMANN.

A mon tour !

DAVOUST.

Général!

KELLERMANN.

Si je tombe aussi, vous passerez sur moi!

Il va sortir.

DAVOUST.

Général! par le moulin... nous aurions dû y penser plus tôt! La roue est en face la porte.

André disparaît de la fenêtre.

KELLERMANN.

En ce cas, pas de temps à perdre! Enfants! c'est pour la patrie! Suivez-moi!

Quelques soldats vont le suivre, Davoust s'élance et arrive le premier à la porte.

DAVOUST.

Général, permettez-moi de passer le premier!

KELLERMANN.

Capitaine!

DAVOUST.

L'armée ne manquera pas de capitaines comme moi et elle n'a pas trop de généraux comme vous!

Vive fusillade.

KELLERMANN.

On dirait que le feu est dirigé vers la porte du moulin.

Davoust ouvre et va entrer.

BARNABÉ, au fond.

Général! Le pont tourne!

Tous remontent.

KELLERMANN, regardant.

Oui, l'obstacle existe à présent! Quel est le brave qui s'est dévoué?

DAVOUST.

Je ne sais, mon général !

KELLERMANN.

Vous vous informerez. Je tiens à le féliciter moi-même.

SCÈNE VI

Les Mêmes, OUDINOT.

OUDINOT, blessé.

Général ! Le régiment du colonel Tolozan, écrasé sous des forces supérieures, a dû évacuer Gizaucourt. Ses soldats, poursuivis par la cavalerie ennemie, se sont précipités vers nous et ont mis le désordre dans nos rangs. Le général Valence et ses carabiniers soutiennent le choc, mais, s'ils ne sont pas secourus, ils succomberont sous le nombre de leurs ennemis.

KELLERMANN.

Gizaucourt pris, la bataille est perdue !... (Vives clameurs à gauche.) Qu'est-ce donc ?

CRIS, à gauche.

Vive la Nation !

SCÈNE VII

Les Mêmes, AUGEREAU à la tête des volontaires du tableau précédent. Tous sont à peine armés et diversement habillés comme au moment de leur départ, GANIVET et MARIOTTE sont dans les rangs.

AUGEREAU.

Général ! Paris vous envoie toute une armée de volontaires. Quand le canon s'est fait entendre, nous n'avions tous qu'une crainte, c'était celle de ne pas arriver assez tôt pour prendre notre part de vos dangers et de votre gloire. Je vous demande en mon nom et au leur, la première place au feu.

KELLERMANN.

Soyez les bienvenus, mes enfants, mais j'ai peine à vous le dire... Vous ferez, je crois, plus de bruit que de besogne ! Vous ne savez pas vous battre !

AUGEREAU.

Nous saurons vaincre ou mourir. Criez : En avant ! général, et vous verrez jusqu'où nous irons !

KELLERMANN.

Enfants ! je ne vous demande que de me suivre ! (Élevant son chapeau et tirant son sabre.) En avant !

Cri répété par les volontaires qui le suivent.

ANDRÉ, à la fenêtre.

J'ai peut-être mal fait de tourner le pont. (Venant en scène.) Mon Dieu ! protégez mes bons amis !

SCÈNE VIII

ANDRÉ, BOUVEL.

BOUVEL, entrant par la droite, à lui-même.

Pas lourd de butin... et des coups à recevoir .. tâchons de décamper.

Il traverse avec précaution et aperçoit André.

ANDRÉ, à lui-même.

Je ne vois que de la fumée !

BOUVEL.

Le momillon! (S'avançant vers lui.) Ah ! te voilà, toi !
Je te retrouve, enfin !

ANDRÉ, terrifié.

Le méchant !

BOUVEL.

Allons, viens, tu dois me rapporter 2,000 florins.

Il l'entraîne à gauche.

SCÈNE IX

Six Soldats autrichiens, puis GANIVET, BARNABÉ, puis AUGEREAU, OUDINOT, DAVOUST et enfin KELLERMANN, Les Volontaires.

Six soldats autrichiens viennent de droite en traînant un canon.
Ganivet arrive avec Barnabé.

GANIVET.

De quoi ! De quoi ! C'est à nous, ça !

BARNABÉ.

Et nous allons vous le prouver.

Ils s'élancent à la baïonnette sur les Autrichiens qu'ils disper-
sent. De tous côtés, les volontaires arrivent, Augereau
tient un drapeau ennemi à la main.

AUGEREAU.

Vive la nation !

TOUS.

Vive la nation !

KELLERMANN.

L'ennemi est en retraite sur tous les points. Volontaires ! vous avez bien mérité de la patrie !

Acclamations. — Changement.

QUATRIÈME TABLEAU

L'Avant-Poste

L'intérieur d'une masure. Deux fenêtres, l'une à droite, l'autre à gauche. Porte au fond, portes à droite et à gauche. Au milieu, une trappe praticable munie d'un anneau. A gauche, entre la porte et la fenêtre, une grosse pierre ou autre chose pouvant servir de siège. Petit décor. Au changement, il fait nuit, mais la lune, qui frappe en plein par la fenêtre de droite, éclaire la scène.

—————

SCÈNE PREMIÈRE

BOUVEL, ANDRÉ.

BOUVEL, entrant en tirant André.

Personne ! Je m'en doutais ! (A André.) Allons, viens, toi.

ANDRÉ.

Je veux m'en aller. Je veux retourner à la Tarvière.

BOUVEL.

Hein ? Qu'est-ce que c'est ? Des plaintes... des récriminations ! Tu veux me quitter, ingrat ! moi qui t'aime tant.

ANDRÉ.

Pas moi !

BOUVEL.

Répète un peu, momillon, et je cogne !

Il lève la main.

ANDRÉ.

Oh ! vous pouvez me battre... mais vous ne m'em-
pêcherez pas de vous dire que vous êtes un méchant !

BOUVEL.

Moi ?... La bête du bon Dieu ! Je te le prouverais si
ça ne devait pas amener des lenteurs... mais nous
n'avons pas de temps à perdre. (A lui-même.) Les républicains vont venir s'installer dans cette masure ! Du
diable si je sais de quel côté me diriger. (A André.) Reste
ici, tu m'entends ? Et ne t'avise pas de quitter cette
salle...

ANDRÉ.

Où irais-je ?

BOUVEL.

Il est certain que tu serais fort embarrassé si tu
voulais me brûler la politesse. Je vais flairer l'air et,
suivant que ça tournera bien ou mal, tu me verras
revenir pour rester ou pour nous remettre en route.

ANDRÉ.

Encore ?

BOUVEL.

Patience... Ça finira ! Il est urgent que je me débar-
rasse de toi et ça le plus tôt possible... seulement,
comme tu représentes 2,000 florins et que 2,000 florins
ont toujours été bons à prendre... il faut que je te
remette en mains propres.

ANDRÉ.

En quelles mains ?

BOUVEL.

Ça, c'est pas ton affaire !... Je ne dois pas en dire
plus long !... (André fait un mouvement.) Allons, obéissons
et soyons sage ou sinon... (Il lève la main, André va s'asseoir
sur la pierre.) S'il m'appartenait, ce môme-là, j'en ferais
un chérubin.

Il sort par le fond avec les plus grandes précautions et ferme
la porte.

SCÈNE II

ANDRÉ, seul.

Si je pouvais m'échapper... mais où aller? Je ne sais... Je ne veux pourtant pas rester avec ce vilain homme!... Oh! non! non! Je ne le veux pas!... mon Dieu! Qu'est-ce que l'on veut faire de moi? Où suis-je ici? Il me semble que j'aurais été heureux avec les soldats que j'ai rencontrés tantôt! Surtout avec celui qui m'a pris dans ses bras et qui m'a embrassé. Je l'aime bien, celui-là! Il ne me battrait pas, lui... et peut-être me reconduirait-il auprès de maman... maman... où est-elle? Et pourquoi m'a-t-elle abandonné?... (Prêtant l'oreille.) Du bruit!... c'est lui qui revient, sans doute! oh! je ne veux pas qu'il me retrouve! (Regardant autour de lui et apercevant la trappe.) Qu'est-ce que cela?... Ça brille! (S'approchant.) Un anneau! Si je pouvais soulever... (Il essaie, la trappe s'ouvre.) C'est une cave! (Regardant.) Oh! comme c'est noir! (Bruit plus rapproché.) On vient! (Descendant.) Maman, veille sur ton pauvre petit enfant!

Il referme la trappe sur lui, mais pendant la scène suivante, elle doit se soulever légèrement et de temps en temps de façon à faire comprendre au public qu'André ne perd pas un mot de ce qui se dit.

SCÈNE III

LE COMTE, BOUVEL, Un Capitaine, Soldats Royalistes.

La porte du fond s'ouvre et on voit les soldats. Ils regardent d'abord à l'intérieur, puis ils entrent le fusil en avant et prêts à faire feu. Le capitaine est à leur tête.

LE COMTE, entrant suivi de Bouvel, Il tient un fusil.

Allons, explique-toi!

BOUVEL.

Avec bonheur, monsieur le comte... mais laissez-moi vous dire que je suis enthousiasmé de vous avoir rencontré... D'abord, j'ai cru que c'étaient les républicains... mais, quand je me suis aperçu que vous fuyiez, je me suis dit : Ça ne peut pas être ça.

LE COMTE.

Hein ?

BOUVEL.

Ai-je dit une sottise ?

LE COMTE.

Assez !

BOUVEL.

Je me tais, monsieur le comte, cependant, je crois nécessaire de vous expliquer ma présence ici.

LE COMTE.

Au fait, qui t'a amené ici ?

BOUVEL.

C'est l'enfant, monsieur le comte.

LE COMTE.

Ah !

BOUVEL.

Et je puis vous affirmer que je n'aurai pas volé mes 2,000 florins. Ah ! monsieur le comte, quel voyage !

LE COMTE.

Et où est-il cet enfant ?

BOUVEL.

Ici, monsieur le comte, ici même. Je l'ai laissé dans cette masure, il y a à peine cinq minutes! (Appelant.) Eh! mon petit mignon !... mon amour de chérubin !... Eh bien! où donc est-il ? Encore envolé ! Ce gamin-là me mettra sur les dents.

LE COMTE.

Tu le retrouveras. Continue.

BOUVEL.

Mais c'est tout... Si ce n'est que nous venons de Valmy où nous avons assisté à la bataille qui vient d'avoir lieu... (Regardant autour de lui.) Mais où est-il fourré ? (Continuant.) Nous étions cachés dans une touffe d'herbes quand le général en chef des républicains a donné ses ordres pour cette nuit.

LE COMTE, vivement.

Ah ! Tu as entendu ces ordres ?

BOUVEL.

Oui, monsieur le comte !

LE COMTE.

Répète-les moi.

BOUVEL.

Oh ! je veux bien ! mais je crois que ça ne vous servira pas à grand'chose.

LE COMTE.

Pas de réflexions. Parle.

BOUVEL.

Voilà, monsieur le comte, voilà ! Le général a désigné la masure du carrefour comme avant-poste !

LE COMTE.

Cette masure... c'est celle où nous sommes ?

BOUVEL.

Oui, monsieur le comte. Quant au général, il restera, avec son état-major et le gros de l'armée, au moulin de Valmy.

LE COMTE.

Qui commandera cet avant-poste ?

BOUVEL.

Un lieutenant qui vient d'obtenir son grade sur le champ de bataille.

LE COMTE.

Que m'importe !

BOUVEL.

Le lieutenant Augereau !

LE COMTE, vivement.

Hein ?

BOUVEL.

Je l'ai entendu nommer.

LE COMTE, à lui-même.

Augereau ! (A Bouvel, lui faisant signe d'approcher.) Ecoute,
Bouvel !

BOUVEL.

A vos ordres, monsieur le comte !

LE COMTE.

Je t'ai promis deux mille florins....

BOUVEL.

Oui, monsieur le comte, et la main sur la conscience,
ce n'est pas trop.

LE COMTE.

Je t'en donnerai cinq mille....

BOUVEL.

Cinq mille ?

LE COMTE.

Si tu consens à me servir !

BOUVEL.

Parlez, monsieur le comte... ordonnez ! Cinq mille florins. Je suis prêt à vous obéir les yeux fermés.

LE COMTE.

Ouvre-les au contraire, car il faudra viser juste.

BOUVEL.

Ah ! il s'agit de...

LE COMTE.

Tu m'as dit que le lieutenant allait venir ici?...

BOUVEL.

Au premier moment.

LE COMTE.

Et, sans nul doute, c'est dans cette salle qu'il passera la nuit ?

BOUVEL.

C'est certain. Les hommes camperont aux alentours.

LE COMTE.

Bien. La lune éclaire comme en plein jour.

BOUVEL.

A peu près.

LE COMTE.

En te dissimulant dans le fossé qui borde la route, (Il désigne le fond.) pourrais-tu, au milieu de la nuit, ramper jusqu'à cette fenêtre... Et d'un coup de fusil...

BOUVEL.

Diable !

LE COMTE.

Tu hésites ?

BOUVEL.

C'est que la détonation me perdra.

LE COMTE.

Elle te sauvera, au contraire.

BOUVEL.

Veuillez m'expliquer ça, monsieur le comte.

LE COMTE.

Ecoute et tu comprendras ! (Appelant.) Capitaine!

LE CAPITAINE.

Colonel !

LE COMTE, désignant la fenêtre gauche.

Ouvrez cette fenêtre. Là-bas, à la clarté de la lune, voyez-vous une masse noire... à cinq cents mètres environ ?

LE CAPITAINE.

Oui, colonel.

LE COMTE.

Ce sont les ruines d'une ancienne abbaye.

LE CAPITAINE.

Je les connais.

LE COMTE.

Je les ai visitées, il y a quinze jours... les ronces et les herbes en masquent toutes les issues... mais nos soldats aguerris passeront partout.

LE CAPITAINE.

J'en réponds.

LE COMTE.

Combien avez-vous d'hommes ?

LE CAPITAINE.

Une centaine. C'est tout ce que j'ai pu rallier.

LE COMTE.

Mettez-vous à leur tête et allez camper dans les ruines. Que l'on n'allume pas un seul feu... Que l'on ne prononce pas une seule parole... La réussite du projet que je médite est à ce prix.

LE CAPITAINE.

Bien, colonel !

LE COMTE.

Attendez. (On entend l'horloge d'une église qui sonne deux heures.) Qu'est-ce que cela ?

LE CAPITAINE.

C'est l'horloge de l'église du village de Kassau qui sonne deux heures.

LE COMTE.

Deux heures... A trois heures précises, un coup de feu se fera entendre. A ce signal, accourez au pas de charge. Les républicains campés autour de cette masure ne sauront de quel côté diriger la défense... livrés à eux-mêmes, seuls, sans chef, car à ce moment-là, ils n'auront plus de chef, ils n'opposeront qu'une faible résistance et nous pourrons enfin rentrer au quartier général avec une action d'éclat à notre actif. Vous m'avez compris ?

LE CAPITAINE.

Oui, colonel; à trois heures précises?

LE COMTE.

Au dernier coup que frappera l'horloge que vous venez d'entendre... un coup de feu...

LE CAPITAINE.

J'ai compris!

Il sort avec ses hommes.

SCÈNE IV

LE COMTE, BOUVEL.

LE COMTE.

Eh bien ?

BOUVEL.

Ça peut se faire. Seulement, je risque ma peau.

LE COMTE.

Je ne serai pas ingrat.

BOUVEL, à part.

Je l'espère bien! (Haut.) Mais l'enfant ?

4

LE COMTE.

Eh! que me fait cet enfant ?

BOUVEL.

Vous n'y tenez pas plus que ça ? Bien ! Mais... si je ne vous le ramène pas ?

LE COMTE.

Tu n'en toucheras pas moins la récompense promise.

BOUVEL.

Voilà qui simplifie singulièrement les choses : deux mille florins d'un côté... plus cinq mille pour... total sept mille... Vous ne pourriez pas arrondir ça ?

LE COMTE.

Hein?

BOUVEL.

Pardon!

LE COMTE.

Est-ce dit ?

BOUVEL.

Encore un mot, monsieur le comte. (Le comte fait un geste.) Ah! dame, écoutez, je joue gros jeu !

LE COMTE.

Enfin ?

BOUVEL.

Voilà : si, par extraordinaire, le plan que vous venez de concevoir ne devait ou ne pouvait pas, le moment venu, se mettre à exécution....

LE COMTE.

Pourquoi ?

BOUVEL.

Il faut tout prévoir, monsieur le comte... Un renfort arrivant par hasard aux républicains... un ordre mal interprété, que sais-je ? Je n'en resterais pas moins avec mon coup de fusil et personne pour me tirer de là.

LE COMTE.

Si cela devait arriver, tu serais prévenu.

BOUVEL.

Par qui ?

LE COMTE.

Par moi !

BOUVEL.

Excusez, monsieur le comte, mais je ne comprends pas.

LE COMTE.

Crois-tu donc que je veuille me soustraire aux dangers de cette attaque ? Je veux en avoir toute la gloire au contraire... mais, la réussite est dans la mort du chef de poste. Aussi, je veux m'assurer par moi-même que tu tiendras ta promesse. Ne te préoccupe pas de moi... sache seulement que je serai là, invisible, mais voyant tout, écoutant tout. Or, s'il devait y avoir contre-ordre...

BOUVEL.

Voilà ce qui m'intéresse.

LE COMTE, continuant.

Avant que le dernier coup de l'horloge ait cessé de vibrer... quand tu ouvriras la fenêtre et que je verrai apparaître le canon de ton fusil... je te crierai...

BOUVEL.

Quoi ?

LE COMTE.

N'importe quelle phrase... par exemple, celle-ci : viens à moi.

BOUVEL, répétant.

Viens à moi.

LE COMTE.

Alors...

BOUVEL.

Je ne tirerai pas.

LE COMTE.

Et tu te replieras vers l'abbaye.

BOUVEL.

Comme ça, ça me va !

LE COMTE.

Tu me réponds de l'homme?

BOUVEL.

Avec ce clair de lune, j'abattrais un pierrot à cinquante mètres.

LE COMTE, lui donnant le fusil.

Va !

BOUVEL.

Monsieur le comte peut se reposer sur moi. Mais n'oubliez pas : viens à moi !

LE COMTE.

C'est entendu !

BOUVEL, à part.

Où diable est passé ce momillon?

Il sort par le fond.

SCÈNE V

LE COMTE, seul.

Augereau !... allons, je n'ai pas à hésiter! Je dois me débarrasser d'un ennemi implacable et surtout d'un homme qui en sait trop sur mon passé !... (Réfléchissant.) Elle aussi est devenue un obstacle... Mais je la tiens!

Quant à son enfant... je lui ai dit qu'il était mort...
plus tard, si jamais cet enfant tombe en mon pouvoir,
il pourra me servir. L'imbécile qui croit que je vais
m'exposer pour lui. Tue-le, brute ! et que l'on te tue
après, peu m'importe !... A ton signal, nous accourons
et nous anéantissons ces républicains maudits ! (Remon-
tant.) Allons ! (Se ravisant et désignant la porte à gauche.) Par
là.

Il sort.

SCÈNE VI

ANDRÉ, puis BARNABÉ, GANIVET, MARIOTTE,
SOLDATS RÉPUBLICAINS.

*La trappe se lève lentement, André, pâle, haletant, remonte et
ferme la trappe.*

ANDRÉ, seul.

J'ai tout entendu... ils veulent... oh ! si je pouvais empêcher... mais non... je ne peux rien... je ne suis qu'un
enfant... on ne m'écouterait pas... et puis les autres
me tueraient pour avoir parlé... et je ne veux pas mourir avant d'avoir revu maman ! Maman ! Bonne maman
chérie ! viens à mon secours !... C'est ton petit André
qui t'appelle !... Tu sais bien que tu me disais, en
me pressant dans tes bras et en m'embrassant : Ne
crains rien, va, je serai toujours là pour te défendre ! Tu
as donc oublié, dis, maman ?... Je souffre, et tu es loin
de moi... On me fait du mal, et tu n'es pas là pour me
défendre. (Pleurant.) Maman ! maman ! (S'arrêtant de pleurer
tout à coup.) Mère Madeline me disait : Quand tu seras
dans la peine, prie... prie le bon Dieu, il écoute toujours la prière des petits enfants ! (S'agenouillant.) Mon
Dieu, vous qui êtes au ciel, vous qui faites les étoiles
et les anges, mon Dieu, protégez-moi, protégez ma-

4.

man, protégez les bons contre les méchants! (La porte s'ouvre brusquement et Barnabé, Ganivet, Mariotte et des soldats paraissent sur le seuil. — André se levant vivement et étouffant un cri de frayeur.) Ah!

BARNABÉ.

Salut, la compagnie!

GANIVET.

Elle n'est pas nombreuse la compagnie, il n'y a personne.

MARIOTTE.

Tu te trompes, il y a quelqu'un.

BARNABÉ, qui s'est approché.

Mon petit bonhomme!

ANDRÉ, poussant un cri de joie.

Ah!

Il fait des efforts pour parler, porte la main à sa gorge, puis tombe évanoui dans les bras de Barnabé.

GANIVET, la lune se cache.

Eh ben! Eh ben! Y se trousse mal.

MARIOTTE.

Faudrait y voir clair et juste cette maudite lune qui se cache.

GANIVET, criant.

Y a pas un lustre par ici?

BARNABÉ, à Mariotte.

Soutenez-le, je vas vous fournir ça! J'ai toujours de la résine dans mon sac!

Mariotte soutient André pendant que Barnabé ouvre son sac.

GANIVET.

Quel homme de précaution! Dire qu'il a jusqu'à d' la chandelle!

BARNABÉ.

Et de la bonne! Vingt-six à la douzaine. (Il en donne une aux soldats.) Allumez-moi ça, vous autres.

MARIOTTE, regardant André.

Le pauvre petit a perdu connaissance. Le saisissement... la fatigue peut-être... comme il est pâle !

BARNABÉ.

Nom d'un briquet ! Nous ne pouvons pas le laisser ici.

MARIOTTE.

Eh ben ! oui, mais où le caser ?

GANIVET, qui a ouvert la porte à droite.

Eh ! sergent ! Regardez donc... Y a un boudoir par là.

BARNABÉ, allant voir.

C'est une sorte de cellier... de caveau ! ma foi, il y sera toujours mieux qu'ici.

MARIOTTE.

Oui ! vous avez raison ! Ne vous inquiétez pas de lui ! Je m'en charge !

Elle sort par la droite avec André dans ses bras.

SCÈNE VII

LES MÊMES, moins MARIOTTE et ANDRÉ, puis AUGEREAU.

BARNABÉ.

Crédié ! Qu'est-ce que ça signifie ça, que je rencontre tout le temps ce petiot ?

GANIVET.

Ça signifie que c'est l'hasard.

BARNABÉ.

L'hasard... L'hasard... Veux-tu que je te dise, clampin ?

GANIVET.

Dites, sergent!

BARNABÉ.

Eh ben, je crois qu'on me le jette comme ça dans les jambes pour avoir l'air de me dire que je dois l'adopter.

GANIVET.

On... On... Qui ça... on?

BARNABÉ.

Ah! dame! J' sais pas!

GANIVET.

Après ça, si le cœur vous en dit, faut pas vous gêner... Nous l'adopterons aussi, c' petit... ce sera l'enfant du régiment! (Aux soldats.) Pas vrai, les amis?

TOUS.

Oui, oui.

BARNABÉ.

Minute! Y sera d'abord à moi... vu que j'en ai eu l'idée le premier.

GANIVET.

Comme vous voudrez. Eh ben! vous v'là papa, quoi!

BARNABÉ.

C'est un grade comme un autre!

GANIVET, s'asseyant par terre.

Cristi! J' suis t'éreinté, moi!

BARNABÉ.

Ah! c'est que la journée a été chaude!...

GANIVET.

J' vous crois... pour les royalistes, avons-nous assez tapé dessus?

BARNABÉ.

Et puis que nous y taperons encore. Ah! faut dire

que sans votre arrivée... Oh! là! là! Nous y étions!..
Y en a de solides parmi vous.

GANIVET.

Tous! mais surtout Pierre Augereau!

AUGEREAU, entrant.

On parle de moi?

BARNABÉ.

Salut au brave des braves!

AUGEREAU.

Brave! Pas plus que vous!... Nous le sommes tous.
Quand il s'agit de voler à la défense du pays, tous les
Français sont des héros!

GANIVET.

Des z'héros? Des z'héros!

AUGEREAU.

Toi comme les autres, mon garçon! Je t'ai remarqué
au feu... tu as été superbe!

GANIVET.

Superbe... je le suis toujours!

AUGEREAU.

Et maintenant, les enfants, la consigne.

BARNABÉ.

C'est juste! Vous v'là investi d'une consigne à pré
sent!

AUGEREAU.

Oui... comme lieutenant.

BARNABÉ.

A la première affaire, vous avez attrapé vos épau-
lettes?

AUGEREAU, riant.

Que je ne porte même pas. Voyez, je n'ai pas eu le
temps de changer d'uniforme.

BARNABÉ.

Ça ne fait rien!... Vive le lieutenant Augereau!

TOUS.

Vive le lieutenant Augereau!

SCÈNE VIII

LES MÊMES, ÉMILIE, puis MARIOTTE.

ÉMILIE, pâle, amaigrie, les vêtements en lambeaux.

Qui parle d'Augereau?

TOUS.

Une femme!

ÉMILIE, voyant Augereau.

Ah!

AUGEREAU, la soutenant.

Émilie!

BARNABÉ, à part.

Tiens! tiens! ils se connaissent!

ÉMILIE.

Je me soutiens à peine!

Augereau la fait asseoir. Elle reste la tête dans ses mains.

BARNABÉ.

Lieutenant, je suppose que vous avez à causer... or la consigne en question?...

AUGEREAU.

L'ennemi est en retraite et probablement fort loin de nous! Campez autour de cette masure... J'ai le commandement de cet avant-poste. Allez, rien à craindre pour cette nuit. Prenez un peu de repos.

BARNABÉ.

Suffit, lieutenant! (Bas à Mariotte qui entre de droite.) Eh
bien! cantinière?

MARIOTTE.

Il dort!

BARNABÉ.

Pauv' petit diable! Ah! cette fois, on ne me le re-
prendra plus. J' vas veiller sur lui comme sur mon
propre fils! En route, les enfants!

Ils sortent par le fond.

SCÈNE IX

AUGEREAU, ÉMILIE.

AUGEREAU.

Toi?

ÉMILIE, relevant la tête.

Oui! Moi! J'ai tant souffert... les larmes ont creusé
des rides sur mon visage... la fièvre ne cesse de brûler
mon sang... Mais la haine plus forte que tout, me
soutient et me fera arriver au but!

AUGEREAU.

Et ce but?

ÉMILIE.

C'est la mort de celui qui m'a ravi tout mon bonheur,
tout mon espoir... Je l'ai revu...

AUGEREAU.

Le comte de Brinoy?

ÉMILIE.

Oui... le comte. En quittant Paris, j'ai marché...
épuisant jusqu'à la dernière de mes faibles ressources...

Alors, j'ai mendié. Comment ai-je pu franchir les lignes
ennemies ? Comment ai-je pu arriver jusqu'au quartier
général des royalistes? je ne sais... un jour, je fus aper-
çue par des soldats qui m'emmenèrent sous la tente d'un
officier supérieur. Là, des hommes buvaient, riaient. L'un
d'eux se leva et dit : Quelle est cette femme? Le son de
cette voix me fit me redresser et, marchant vers celui
qui venait de parler, je répondis : Cette femme, comte
de Brinoy, est la mère de ton enfant! Un éclat de rire
accueillit mes paroles... Les mots : c'est une folle, brui-
rent à mon oreille! Une folle ou une espionne, reprit
le comte, qu'on l'emmène, qu'on l'emprisonne et qu'on
attende mes ordres.

AUGEREAU.

Le misérable!

ÉMILIE.

Attends, ce n'est pas tout : Je voulus résister, crier,
on se précipita sur moi, on me bâillonna et je fus jetée
dans une sorte de cachot où j'attendis deux heures...
deux mortelles heures au bout desquelles mon bourreau
parut : Mon enfant, lui criai-je, rends-le moi! Il me
regarda froidement, et me répondit : Il est mort! Un
cri de rage s'échappa de ma poitrine... mes deux mains
lancées en avant s'accrochèrent au cou de cet infâme
et ma voix, qui ressemblait à un râle, disait encore :
Rends-le moi! Rends-le moi! Puis, à bout de forces, je
tombai épuisée, mourante. Quand je revins à moi,
j'étais toujours prisonnière. Ce matin, le canon, la fusillade éclatèrent tout autour de ma sombre demeure.
Un grand bruit se fit... des préparatifs de départ. Un
soldat, celui qui remplissait auprès de moi l'office de
geôlier, entra : Vais-je donc rester ici? lui demandai-
je. Je n'ai pas d'ordre vous concernant. Sauvez-vous!
Et il partit! Je m'enfuis à l'aventure, au hasard... la
nuit me surprit et, exténuée, je passais devant cette
porte quand j'ai entendu prononcer ton nom. Tu sais
le reste. Me voilà!... Mon fils est mort! Que vais-je
devenir?

AUGEREAU.

Retourne auprès de ma mère.

ÉMILIE.

Je n'en aurais pas la force. Et puis, une pensée me poursuit que je ne puis chasser : s'il m'avait trompée, cet homme ! Si mon fils vivait ! S'il ne m'avait jeté ces terribles mots que pour raviver les douleurs qu'il avait déjà fait naître en moi !

AUGEREAU, avec doute.

Emilie !

ÉMILIE.

Tu ne partages pas mes pressentiments... Soit ! mais ma haine ! ma vengeance... dois-je donc en faire abnégation ?... Je serais la plus lâche des femmes ! Il a tué mon enfant ! Je le tuerai !

AUGEREAU.

Calme-toi et prends un peu de repos... Tu es épuisée ; le sommeil te ferait du bien.

ÉMILIE.

Le sommeil ! Est-ce que je dors, moi ?

AUGEREAU.

Essaye, et, demain, nous aviserons.

ÉMILIE.

Tu me quittes ?

AUGEREAU.

Je ne m'éloigne pas... Si j'ai moi-même besoin de repos, je trouverai bien une place au milieu de mes compagnons. Allons, du courage et de la résignation.

ÉMILIE.

A demain, Pierre.

AUGEREAU.

A demain !

il sort par la gauche.

5

SCÈNE X

ÉMILIE, puis ANDRÉ.

ÉMILIE.

Ainsi, c'est fini ! Et cependant, j'ai beau me répéter
ces mots : Il est mort ! Rien ne tressaille en moi !...
Mon cœur ne bat pas plus fort que d'habitude. Je veux
me représenter ce cher petit être pâle, mourant...
vains efforts !... Il m'apparaît toujours tel que je l'ai
quitté. Ses grands yeux me regardent et me sourient...
ses lèvres s'entr'ouvrent pour me crier : Maman ! Et
ses petits bras s'enlacent autour de mon cou, comme
s'ils voulaient me faire un collier d'amour ! Ah ! non !
non ! Mon fils n'est pas mort ! Tout me le dit ! Je le
sens ! j'en suis sûre ! Il vit ! Il vit !

> Elle tombe accablée à gauche sur la pierre, en face de la fe-
> nêtre placée à droite. La lune reparaît depuis un instant,
> l'éclairant faiblement.

ANDRÉ, entrant par la droite, regarde avec effroi autour de lui,
passe la main sur son front, comme pour rappeler ses idées
et machinalement gagne le fond droite entre la porte et la fenêtre. A ce moment, on entend au loin l'horloge qui sonne le
premier coup de trois heures. La fenêtre s'ouvre sans bruit et
un canon de fusil apparaît braqué sur Émilie. André se sou-
vient tout à coup et étouffe un cri en apercevant Émilie que,
dans l'ombre, il prend pour la victime désignée.

Ah !

> Le second coup sonne pendant qu'il s'approche de la fenêtre.

ÉMILIE, absorbée et comme rêvant.

André !... mon fils... Il me semble que je te revois... là... devant moi... Tu m'ouvres tes petits bras
et ta douce voix me crie : Maman... maman...

ANDRÉ, près de la fenêtre.

Viens à moi.

Le canon de fusil disparaît.

ÉMILIE, se redressant d'un bond et poussant un cri terrible.

Ah !

ANDRÉ, qui a gagné la porte.

J'ai peur !

Il sort.

SCÈNE XI

ÉMILIE, AUGEREAU puis GANIVET.

AUGEREAU, entrant vivement par la gauche.

Ce cri ! Qu'y a-t-il ?

ÉMILIE.

Pierre ! mon fils vit ! Il m'a parlé ! Je l'ai entendu !

Coup de feu au dehors.

AUGEREAU.

Un coup de feu !... Attends !

GANIVET, entrant.

Lieutenant, on vient de tirer sur un homme qui rô-
dait autour de cette masure. De plus, nos sentinelles
ont cru voir des ombres dans les ruines que l'on aperçoit d'ici.

AUGEREAU, criant.

Aux armes ! (A Emilie.) Viens !

ÉMILIE.

Mon Dieu ! Est-ce un rêve ?

Ils sortent.

Changement.

CINQUIÈME TABLEAU

Les ruines de l'Abbaye

La campagne. Terrain accidenté. A gauche, des ruines, clair de
lune, mais le jour doit arriver à la fin du tableau.

———

SCÈNE PREMIÈRE

BOUVEL, puis LE COMTE et Ses Soldats.

BOUVEL, entrant par la droite.

Ils m'ont aperçu... ils ont fait feu !... Heureusement
que dans l'ombre, j'ai pu éviter le coup. J'ai jeté mon
fusil .. par mesure de précaution ! (Regardant à gauche.) Ça
grouille par là !... Oui. Ce sont les royalistes qui obéis-
sent au signal convenu... Seulement, ce n'est pas moi
qui l'ai donné le signal... et le lieutenant vit toujours !
(Regardant à gauche.) Le comte ! .. Mais s'il est resté
ici... qui donc m'a parlé, là-bas... dans la masure ?
Bah ! inutile de lui dire que j'ai raté mon homme !...
(Le comte paraît suivi de ses soldats.) Monsieur le comte !

LE COMTE.

Ah ! c'est toi ! Eh bien ?

BOUVEL.

C'est fait !

LE COMTE.

Enfin ! (Criant.) En avant !

SCÈNE II

Les Mêmes, AUGEREAU, ÉMILIE, GANIVET,
MARIOTTE, Soldats Républicains, puis
BARNABÉ et ANDRÉ.

AUGEREAU, criant également à droite.

En avant !

BOUVEL, à part.

Tonnerre ! ça ne sent pas bon pour moi.

Il se dissimule au fond. — Les républicains se sont élancés.
Bataille.

LE COMTE, se trouvant en face d'Augereau.

Augereau !

AUGEREAU.

Lui !

ÉMILIE.

Ah ! (Elle fait un mouvement pour courir sur le comte, un
coup de feu l'atteint à l'épaule.) Ah !

Elle tombe dans les bras d'Augereau.

AUGEREAU.

Emilie !

LE COMTE.

On voit, au fond, Barnabé qui traverse en tirant des coups de
fusil. André est à cheval sur son sac.

Augereau vivant ! J'ai été trahi !

Il sort vivement par la gauche protégé par quelques-uns de
ses soldats.

MARIOTTE, qui s'est approché d'Augereau avec Ganivet regardant la blessure d'Emilie.

Lieutenant ! Il faudrait transporter cette pauvre de-
moiselle Emilie à l'ambulance !

AUGEREAU.

Je vous la confie !

MARIOTTE.

Fiez-vous à moi, lieutenant ! Il y a justement une
voiture qui nous suit ! Allons, Ganivet, aide-moi !

GANIVET.

Voilà, Mariotte !
>   Deux soldats se joignent à eux et ils entraînent Émilie par
>   la droite.

GANIVET, en sortant.

Mon Dieu ! qu'y a donc des jeunes personnes qui
n'ont pas de chance.

>   Ils sortent.

SCÈNE III

LES MÊMES, moins GANIVET, MARIOTTE et ÉMI-
LIE, puis BOUVEL, amené par des soldats, puis encore
BARNABÉ et ANDRÉ.

AUGEREAU.

Enfants, il nous les faut !
>   Il se jette dans la mêlée, la bataille continue. Les royalistes
>   sont poussés au milieu et cernés de tous côtés. Augereau
>   regardant les prisonniers et ne voyant pas le comte.

AUGEREAU.

Il m'échappe ! Ah ! mais je te retrouverai, va.
>   Entrent deux soldats traînant Bouvel.

PREMIER SOLDAT.

Lieutenant ?

AUGEREAU.

Qu'y a-t-il ?

LE SOLDAT.

Nous avons trouvé cet homme couché à plat ventre derrière un arbre. Ce doit être un espion.

TOUS.

A mort! A mort!

BOUVEL, tremblant.

Je ne suis pas un espion! (Tombant à genoux.) Grâce! grâce!

AUGEREAU, à ses soldats.

Vous vous trompez, mes braves! Cet homme n'est qu'un lâche! Il ne vaut même pas une cartouche! (Le prenant par l'oreille et le forçant à se relever.) Allons! relève-toi, drôle! Va retrouver les tiens et porte-leur la signature d'Augereau!

Il le soufflette.

BOUVEL, avec un cri de rage.

Ah!

AUGEREAU.

Hâte-toi, car dans une minute, il serait trop tard!

BOUVEL, dévorant sa rage à part avant de sortir.

Augereau! je me vengerai!

Il sort.

BARNABÉ, revenant, il a le bras droit en écharpe et tient André qui traîne son fusil, de la main gauche.

Bravo! Tu as reçu le baptême du feu et tu t'es bravement conduit.

AUGEREAU.

Quel est cet enfant?

BARNABÉ.

Mon fils, lieutenant!

Tableau. — Rideau.

ACTE TROISIÈME

SIXIÈME TABLEAU

Bonaparte et Augereau

Petit décor représentant la tente du général Augereau. Ce décor ne doit occuper que l'avant-scène et le premier plan. Une table à gauche sur laquelle sont des cartes, des papiers, encre, plumes, etc... Escabeaux. — Entrées au fond, à droite et à gauche.

SCÈNE PREMIÈRE

BARNABÉ, GANIVET.

Barnabé entre par le fond; Ganivet par la droite.

BARNABÉ.

Eh bien ! caporal Ganivet ?

GANIVET.

Eh bien! sergent Barnabé?

BARNABÉ.

Nous v'là de plantons !

GANIVET.

Nous v'là de plantons !

BARNABÉ.

En sortirons-nous de l'Italie ?

GANIVET.

Pardine ! ça ne fait pas de doute... Mais je voudrais bien que ce soit plus tôt que plus tard.

BARNABÉ.

Est-ce que tu en as assez ?

GANIVET.

Pas précisément... Mais j'en ai comme qui dirait ma suffisance... Dame ! songez donc, sergent, que depuis 92, je ne fais que taper sur les Autrichiens et autres bêtes malfaisantes. J'y ai gagné les galons de caporal, je ne peux pas dire le contraire... Mais ce n'est peut-être pas une position, ça...

BARNABÉ.

Tout le monde ne peut pas devenir général.

GANIVET.

Comme le fils de mon ancienne patronne : Pierre Augereau ! En v'là un qui a marché !

BARNABÉ.

Ne te plains pas, tu as encore mieux marché que lui !

GANIVET.

Moi ?... Ah ! bien, elle est pommée, celle-là !...

BARNABÉ.

Puisque tu as attrapé une femme !

GANIVET.

Ça, c'est vrai ! De ce côté-là, je suis son supérieur. Et je dirai même que ma femme est le plus clair de mon bénéfice ! Elle est crâne, Mariotte ! Je ne l'aurais jamais crue si crâne que ça !.. Je l'ai épousée aux tambours, mais elle n'en est pas moins madame Ganivet.

5.

BARNABÉ.

Comme André est mon fils.

GANIVET.

Ah ! Permettez, sergent : André est votre fils con-
ventionnellement... tandis que Mariotte est ma femme
effectivement...

BARNABÉ.

Qu'est-ce que tu me chantes avec tes mots en : ent.
Je l'ai reconnu devant les autorités compétentes, et,
depuis ce temps-là, nous sommes mutuellement père
et fils un et indivisible, comme la république...

GANIVET.

Pardon, excuse, sergent ! Je sais qu'il ne faut pas y
toucher à votre fils !

BARNABÉ.

Nom de nom ! Il passerait un fichu quart d'heure
celui qui lui dirait une virgule de plus que son nom !
Je l'aime, entends-tu ?

GANIVET.

Dame ! Ça se comprend.

BARNABÉ, montrant un pistolet.

Tiens, regarde ça.

GANIVET.

C'est un pistolet !...

BARNABÉ.

Il est toujours chargé, il n'a jamais tiré et il ne ti-
rera jamais sur un ennemi...

GANIVET.

Ah bah ! Quel drôle de pistolet !

BARNABÉ.

Dans une bataille, si le malheur voulait qu'André
tombe à mes côtés... Pan ! Bonsoir, Barnabé :

GANIVET.

Eh bien ! En effet, ça, c'est de l'amour paternel. Je n'ai jamais pensé à ça pour Mariotte, moi ! Il est vrai qu'elle n'est pas mon fils puisqu'elle est ma femme ! Ah ça ! ous qu'il est André ?

BARNABÉ.

Est-ce que je sais ?... Je ne peux pas le tenir... Il passe sa vie à battre la caisse comme un enragé sous le nez des Autrichiens.

GANIVET.

La charge, surtout ! Ah ! il en tient pour cet air-là !...

BARNABÉ.

Et toujours en avant !

GANIVET.

On peut dire qu'il vous fait honneur !

BARNABÉ.

Oui ! C'est un brave enfant !

SCÈNE II

LES MÊMES, ANDRÉ, costume de tambour.

ANDRÉ, par le fond.

Père !

BARNABÉ.

Tiens ! Le voilà ! Approchez M. Barnabé fils et dites-moi d'où vous venez ?

ANDRÉ.

Oh ! si tu prends ta grosse voix et si tu faistes gros yeux !...

BARNABÉ.

Est-ce que je n'en ai pas le droit ?

ANDRÉ.

Si. Mais il ne faut pas m'intimider.

GANIVET.

Avec ça qu'on t'intimide, toi !

BARNABÉ.

Enfin, d'où que tu deviens ?

ANDRÉ.

De pousser une petite reconnaissance.

BARNABÉ.

Seul ?

ANDRÉ.

Oui.

BARNABÉ.

Nom de nom ! Il me fait bouillir le sang.

ANDRÉ.

Ne t'emporte pas, voyons. Je voulais être seul... livré à moi-même.

BARNABÉ.

Tu es bien aimable pour celui qui pourrait être l'auteur de tes jours.

ANDRÉ.

Pardonne-moi. La solitude m'attire, parfois. J'ai besoin de ton affection autant que de l'air qui me fait vivre... Mais, quand les souvenirs s'entassent dans mon esprit, et qu'il n'y a plus de place pour y laisser pénétrer une autre pensée... il faut bien que je succombe et que j'oublie un instant le présent pour me reporter à cette existence d'autrefois que je ne puis oublier et qui se représente toujours à moi.

BARNABÉ.

Oui... ta mère...

ANDRÉ.

Ma mère!

BARNABÉ.

Je te pardonne !

ANDRÉ.

Je ne l'ai vue qu'à de rares intervalles... mais ses traits sont présents à ma mémoire. Qu'elle était belle !

BARNABÉ.

Ne me dis pas ça, voyons !

ANDRÉ.

Pourquoi ? Tu ne peux pas en être jaloux !

GANIVET, à part.

Il ne comprend pas la métaphore ! C'est jeune !

BARNABÉ.

Ah ça ! la tente du général Augereau n'est pas faite pour parler de ces choses-là... Et puis, ce n'est pas quand on va se reflanquer une nouvelle tripotée qu'il faut se livrer à des réflexions intempestives qui peuvent amollir le courage et vous faire faire le grand voyage...

ANDRÉ.

Bah! si cela arrivait... Je la reverrais peut-être... car... elle doit être... là-haut...

BARNABÉ.

Eh bien! Et moi?

ANDRÉ.

Je te connais. Tu viendrais me retrouver.

BARNABÉ.

Satané gamin, va!

GANIVET, bas.

Il a éventé votre pistolet...

On entend battre aux champs.

SCÈNE III

LES MÊMES, AUGEREAU.

AUGEREAU, entrant préoccupé.

Laissez-moi !

BARNABÉ.

A vos ordres, général. Demi-tour, Ganivet.

GANIVET.

On exécute.

AUGEREAU, qui s'est assis et qui se dispose à écrire.

Ah ! quelqu'un pour porter immédiatement une dépêche au général en chef.

ANDRÉ.

Présent, général.

AUGEREAU, sans le regarder.

Attends !

Il écrit.

BARNABÉ, à Ganivet.

Tiens, le v'là encore qui va s'aller promener !

GANIVET.

Que voulez-vous, sergent, il a ça dans les veines.

Ils sortent par la droite.

SCÈNE IV

AUGEREAU, ANDRÉ.

AUGEREAU, cessant d'écrire et lisant.

« Général, l'armée de Wurmser se divise en deux

» corps; l'un reste sous les ordres du général Alvinzi
» et se dirige sur Mantoue par le pays de Vérone :
» l'autre s'engage dans la vallée de l'Adige, sous le
» commandement de Davidowich. Le point de jonc-
» tion est indiqué vers le lac de Garda : le déblocus
» de Mantoue doit en être le premier résultat. Je suis,
» comme vous le savez, campé à deux lieues du village
» d'Arcole où j'attends des ordres. AUGEREAU. » (A
André.) Approche.

ANDRÉ.

Voilà, général.

AUGEREAU, le regardant.

Qui es-tu?

ANDRÉ.

Un soldat de la République.

AUGEREAU, souriant.

Prétentieux!

ANDRÉ.

Pas tant que ça, général. J'ai mes états de service.
Je compte déjà pas mal de batailles et plusieurs coups
de tête.

AUGEREAU.

Vraiment? Où étais-tu?

ANDRÉ.

Avec le général Dammartin à la bataille de Rove-
redo. De là, j'ai suivi le général en chef à Bassano et
à Castiglione.

AUGEREAU.

J'y étais aussi.

ANDRÉ.

Je vous y ai vu, mon général. Sous les murs de
Mantoue, c'est moi qui, le premier, ai battu la charge.
L'ordre n'était pas encore donné, mais je sentais qu'il
fallait agir et j'ai agi.

AUGEREAU, qui le regarde attentivement.

Ah!

ANDRÉ.

Un de mes coups de tête.

AUGEREAU.

Tu es engagé volontaire?

ANDRÉ.

Forcément... Mais je ne le regrette pas.

AUGEREAU.

Explique-toi.

ANDRÉ.

C'est bien simple, général : j'ai été recueilli à Valmy, il y a de cela cinq ans.

AUGEREAU.

Ah! j'y suis! Par un brave sergent?

ANDRÉ.

Le sergent Barnabé. Comme j'étais abandonné... il m'a adopté... donné son nom... et depuis lors...

AUGEREAU.

Tu marches avec lui.

ANDRÉ.

Je le suis.

AUGEREAU, appelant.

Holà! quelqu'un!

SCÈNE V

LES MÊMES, GANIVET.

GANIVET.

Général.

AUGEREAU.

Une estafette pour porter cette dépêche au général en chef... vivement... Le quartier général est à la Brenta... C'est à un quart d'heure d'ici... que l'on y soit en cinq minutes.

ANDRÉ.

Pardon, général, je croyais que je devais porter moi-même...

AUGEREAU.

Je te garde. (A Canivet.) Va !

Canivet sort par le fond.

SCÈNE VI

AUGEREAU, ANDRÉ.

AUGEREAU, à part.

Cet enfant... Ah! je veux savoir... (A André.) Ton nom ?...

ANDRÉ.

Je vous l'ai dit, mon général : Barnabé.

AUGEREAU.

Tu n'as pas que celui-là?

ANDRÉ.

C'est vrai, mon général. Je me nomme aussi André.

AUGEREAU, vivement.

Ah !

ANDRÉ.

Pardon, général, vous semblez ému?

AUGEREAU, brusquement.

Ne m'interroge pas : réponds.

ANDRÉ.

A vos ordres, général!

AUGEREAU, se radoucissant.

L'habitude de commander sur les champs de bataille, m'a fait te parler brusquement... Ne crains rien.

ANDRÉ.

Oh! je n'ai pas peur.

AUGEREAU.

Dis-moi : avant que tu ne sois recueilli par ce brave sergent, où étais-tu ? Que faisais-tu? Comment vivais-tu? Tu dois avoir quelques souvenirs?

ANDRÉ.

Oui, général. D'abord, j'ai conservé celui de ma mère.

AUGEREAU.

Tu l'as connue ?

ANDRÉ.

Oui... Pardon... je pleure... Mais c'est plus fort que moi, voyez-vous, général... chaque fois que j'évoque cette chère vision... mes yeux s'emplissent de larmes.

AUGEREAU.

Pleure, mon enfant.

ANDRÉ.

C'est fini. Interrogez, général.

AUGEREAU.

Elle est... morte?

ANDRÉ.

Elle doit l'être, puisqu'elle n'est pas près de moi !

AUGEREAU.

La reconnaîtrais-tu si tu la revoyais?

ANDRÉ, vivement.

Oh! oui, oui !

AUGEREAU, lui montrant un médaillon.

Regarde ce portrait.

ANDRÉ, le prenant, jetant les yeux dessus et poussant un cri.

Ah!... général! c'est elle! c'est elle! (Tombant à genoux et embrassant le portrait en pleurant.) Maman! maman!

UNE VOIX, au fond.

Le général Augereau!

AUGEREAU, à André.

Relève-toi!

SCÈNE VII

LES MÊMES, UN OFFICIER.

AUGEREAU.

Qu'y a-t-il?

L'OFFICIER.

Général, nos éclaireurs viennent de rentrer au camp.

AUGEREAU.

Quoi de nouveau?

L'OFFICIER.

Les Impériaux ont établi leur quartier général à Caldiero et ont fait occuper le village d'Arcole par des régiments hongrois et croates. Ils se disposent à marcher en avant.

AUGEREAU.

Qu'ils viennent! Nous sommes prêts à les recevoir. Doublez les avant-postes. Renforcez les grandes gardes et attendez. Bientôt, nous aurons des ordres.

L'officier sort.

SCÈNE VIII

AUGEREAU, ANDRÉ.

ANDRÉ, en contemplation devant le portrait.

Ah! j'aurais donné ma vie, mon sang, pour posséder ce portrait, ne fût-ce qu'une seconde!

AUGEREAU.

Garde-le!

ANDRÉ.

Vrai!... bien vrai, général, vous me le laissez?

AUGEREAU.

Oui, tu me le rendras...

ANDRÉ, inquiet.

Ah!

AUGEREAU.

Le jour où je te montrerai l'original.

ANDRÉ, avec un cri.

Ah! Ma mère existe! ma mère existe!

AUGEREAU.

Oui!

ANDRÉ.

Vous êtes le général Augereau... Je le sais... cela est... Mais, pour moi, vous devez être davantage et je voudrais savoir...

AUGEREAU.

Plus tard. Va, mon enfant!

ANDRÉ.

Oui... général... oui... je sors... j'obéis... Mais, vous me la montrerez...

AUGEREAU.

Bientôt !

ANDRÉ.

Ah ! ce jour-là, général, vous me permettrez bien de vous embrasser.

AUGEREAU, lui tendant les bras.

Eh ! embrasse-moi tout de suite ! (André se jette dans ses bras. On entend battre aux champs.) Allons, va !

ANDRÉ.

Oui, oui... général.

Il se dirige vers le fond, la porte s'ouvre. Bonaparte entre. André fait le salut militaire et sort en embrassant le portrait.

SCÈNE IX

AUGEREAU, BONAPARTE, puis Un Aide de Camp.

AUGEREAU.

Général !

BONAPARTE.

Vous avez demandé des ordres, général Augereau ; je vous en apporte. Ah ! l'armée de Wurmser reprend l'offensive. Soit ! A nous de l'anéantir, et cette fois de façon à ce que pas un de ses soldats ne reparaisse en face de mes phalanges républicaines. (A Augereau.) Vos renseignements sont exacts ?

AUGEREAU.

Absolument, général.

BONAPARTE.

Au point du jour, en compagnie de Masséna, vous

passerez l'Adige avec deux divisions... Lannes aura
sous ses ordres les généraux, Vaubois, Verdier, Bon,
Verne, Vignole, Guieux et Robert. Ils passeront également le fleuve... au-dessous de Ronco... au pont d'Al-
beredo et ils tourneront le village dont ils s'empare-
ront coûte que coûte! Les Autrichiens se replieront et
se retireront en avant d'Arcole... entre San-Bonifacio
et San-Stéphano... (par réflexion.) Ah! au milieu de la
nuit, vous ferez allumer tous vos feux pour tromper
l'ennemi. Pendant ce temps, vous opérerez votre retraite
sur la rive droite de l'Adige.

AUGEREAU.

Bien, général. Les principaux chefs de corps sont-
ils avertis?

BONAPARTE.

J'ai mandé mon état-major. Il va venir ici. (A un aide
de camp qui entre.) Que me veut-on?

L'AIDE DE CAMP.

Une dépêche.

Il sort.

BONAPARTE, ouvrant la dépêche et lisant.

« Le Directoire, citoyen général, a reçu avec la plus
vive satisfaction la nouvelle de la victoire remportée
en Italie sur les Autrichiens. En appréciant des avan-
tages aussi éclatants à l'entrée d'une campagne que
l'éloignement pour la paix des ennemis de la République nous a forcés d'entreprendre, il est très satisfai-
sant pour lui de voir justifier par les lauriers que vous
venez de remporter le choix qu'il a fait de vous pour
conduire l'armée d'Italie à la victoire. »

AUGEREAU.

S'il vous félicite déjà, que sera-ce donc plus tard?

BONAPARTE.

Le contraire peut-être!... En attendant, continuons
notre guerre à l'étranger : conquérons l'Italie. Mar-

chons sur Rome et réduisons le pape à l'impuissance
Délivrons la Corse de Paoli et de ses alliés, et, s'il
le faut, courons en Egypte, sur la route de l'Inde, pour
y frapper l'Angleterre ! Augereau, il nous faut encore
brûler beaucoup de poudre et verser beaucoup de
sang pour arriver à une paix que la nation désire et
dont je me charge de dicter les préliminaires.

AUGEREAU.

Brûlons de la poudre, général ; quant au sang à
répandre, le mien appartient à ma patrie. Qu'elle le
demande ; je suis prêt à le lui donner.

BONAPARTE.

Je le sais ! Avec des hommes comme vous, Augereau,
on pourrait entreprendre la conquête du monde entier !
(Les généraux Lannes, Masséna, Vaubois et Verdier paraissent
au fond.) Entrez, messieurs !

SCÈNE X

Les Mêmes, LANNES, MASSÉNA, VAUBOIS
et VERDIER.

TOUS.

Général !

BONAPARTE.

Eh bien ! il paraît que nous n'avons rien fait ! Mon-
dovi, Montenotte Millesimo, Dego, Lodi... Rivoli,
Castiglione, et toutes les batailles gagnées jusqu'à ce
jour, n'arrêtent pas nos adversaires. Ils reviennent à
la charge ! Ils relèvent la tête ! Ils nous bravent !

MASSÉNA.

Qu'ils ne nous bravent pas impunément, général !

BONAPARTE.

Pour cela, il faut encore marcher en avant !

TOUS.

Nous sommes prêts !

BONAPARTE, tout en écrivant.

Bien. Masséna ?

MASSÉNA.

Général?

BONAPARTE.

Concertez-vous avec Augereau. Il a ses instructions et les vôtres... (Masséna va causer avec Augereau. — Lannes s'avance.) Pour vous ' (Il lui donne un ordre écrit. A lui même en se levant pendant que Lannes lit le papier et remonte aux autres généraux.) L'ennemi regarde sa position au milieu des marais d'Arcole comme inexpugnable. Il ne suppose pas que l'idée peut me venir de l'attaquer par les chaussées étroites qui débouchent seules sur ces marais, et il a négligé de couvrir sa position du côté de l'Adige. Je le surprendrai sur ce point. (Aux généraux.) Ralliez vos troupes, donnez l'ordre du départ, et au point du jour, à Arcole.

TOUS.

A Arcole !

BONAPARTE.

Salut, Augereau !

Tous sortent.

SCÈNE XI

AUGEREAU, puis GANIVET et BARNABÉ.

AUGEREAU.

La journée de demain sera rude... je puis être tué...

Je ne dois pas emporter avec moi le secret que j'ai découvert. (Appelant.) Quelqu'un !

GANIVET.

Général !

AUGEREAU.

Le sergent Barnabé.

GANIVET.

Il est là, général.

AUGEREAU.

Qu'il vienne ! (Ganivet sort.) Oui, c'est cela. Lui seul pourra mener à bien la tâche commencée.

BARNABÉ, entrant.

Vous m'avez fait demander, général ?

AUGEREAU.

Oui. Ta main !

BARNABÉ.

Hein ?

AUGEREAU.

Ta main que je la serre et que les yeux dans les yeux je te dise : Tu es un brave homme !

BARNABÉ.

Dame, général, j'ai tué le plus possible d'Autrich'ons !

AUGEREAU.

Il n'est pas question de cela.

BARNABÉ.

Ah ! Et de quoi donc? sans vous commander, mon général.

AUGEREAU.

Si tu as tué, tu as fait vivre aussi.

BARNABÉ.

Moi ? J'suis pas marié !

6

AUGEREAU.

Tu as sauvé d'une mort certaine un pauvre petit être... Tu n'as pas craint de l'adopter, de lui donner ton nom et de l'élever comme tu aurais élevé ton propre fils..

BARNABÉ.

Ah ! bah ! général ! C'est de ça qu'il s'agit ?

AUGEREAU.

Oui, c'est de cela qu'il s'agit !

BARNABÉ.

Dame ! C'est tout naturel, ce que j'ai fait là ! Je suis seul au monde, moi aussi ; sauf un petit magot qui me vient je ne sais d'où je n'ai pas de famille... ni tenants, ni aboutissants... Mais l'argent, ça n'emplit pas le cœur et j'avais le cœur vide quand j'ai rencontré le petio !... Il pleurait... je l'ai consolé... Il avait peur... je l'ai rassuré, et, de fil en aiguille, je me suis pris pour lui d'une de ces affections qui... que... enfin... d'une affection de première catégorie, quoi !

AUGEREAU.

Je t'en garderai personnellement une reconnaissance éternelle !...

BARNABÉ.

Il n'y a pas de quoi, général.

AUGEREAU.

En agissant ainsi que tu l'as fait, tu as rendu un enfant à sa mère. Au lieu d'une victime, tu en as sauvé deux.

BARNABÉ.

Comment ! Moi, j'aurais fait ça ?... Mais alors, je suis un bienfaiteur de l'humanité !... Mon nom a une valeur ! Je ne suis plus un Barnabé ordinaire ! Un Barnabé de quatre sous ! J'ai le droit de réclamer une place dans le calendrier... à côté de mon patron : Saint Barnabé, sergent à la quatrième demi-brigade !... Comment, André...

AUGEREAU.

André n'est pas seul au monde!

BARNABÉ.

Oui! oui! je sais. Il m'a souvent parlé de... de sa
mère. Et... elle existe, madame sa mère?

AUGEREAU.

Oui!

BARNABÉ.

Et vous la connaissez, mon général?

AUGEREAU.

Je la connais.

BARNABÉ.

Nom de nom! Eh, là-bas! ça change joliment les
choses! Alors, on va me l'enlever, mon fils?

AUGEREAU.

Rassure-toi!

BARNABÉ.

Ça, vous savez, général, c'est pas possible¹ qu'on
m'enlève mon grade si on veut... j'en pleurerai de
rage... mais pas de douleur. Je ne sais pas souffrir,
moi¹... Me prendre mon André¹ ah bien! non¹ Il sera
malin, celui qui fera ça !... Il est à moi! c'est mon enfant aussi! je l'ai reconnu. Vous l'avez dit, général : Il
porte mon nom... Il n'est peut-être pas beau, mais il
est sans tache... et... si on me le prend, mon fils...
qu'est-ce que vous voulez que je devienne, moi?

AUGEREAU.

Rassure-toi, te dis-je. André a embrassé la carrière
des armes...

BARNABÉ.

Il m'a embrassé aussi.

AUGEREAU.

Il est soldat et restera soldat. Or, personne mieux
que toi ne saurait le guider dans cette voie.

BARNABÉ.

Vous êtes bien aimable, mon général, mais ça ne m'enlève pas le poids de cinq cents que j'ai sur l'estomac.

AUGEREAU.

Tu seras toujours son père adoptif.

BARNABÉ.

Oui... Je comprends... Un étranger... moins que ça peut-être... et toute son affection, il la reportera sur sa mère.

AUGEREAU.

Il la partagera entre elle et toi!

BARNABÉ.

Vous me dorez la pilule, général.

AUGEREAU.

Je te le dis, crois-moi. D'ailleurs, tu la connaîtras aussi, sa mère...

BARNABÉ.

Oh! je n'y tiens pas!

AUGEREAU.

Ecoute!

BARNABÉ.

Je ne fais pas autre chose, général.

AUGEREAU.

Nous sommes à la veille d'une grande bataille. Demain, nombre de cadavres joncheront le sol. Peut-être y trouvera-t-on le mien.

BARNABÉ.

Ah! général, ne dites pas ça!

AUGEREAU.

Il faut tout prévoir. Si je suis frappé par une balle ennemie... Jure-moi de faire ce que je vais te demander.

BARNABÉ.

Je vous le jure, mon général.

AUGEREAU.

Dès que tu le pourras, tu emmèneras André à Paris.
(Écrivant sur son carnet, détachant le feuillet et le lui donnant.)
A cette adresse... Là, tu demanderas, mademoiselle,
(Se reprenant.) madame Emilie...

BARNABÉ.

Madame ou mademoiselle... avec moi, ça ne tire pas
à conséquence.

AUGEREAU.

Et tu lui diras : Pierre Augereau est mort pour la
patrie, mais il a tenu la promesse qu'il vous avait
faite de vous rendre votre enfant s'il le retrouvait jamais ! Il l'a retrouvé et il vous le rend.

BARNABÉ.

Ah ! Et si je suis tué aussi, moi ?

AUGEREAU.

André combat toujours à tes côtés ?

BARNABÉ.

Toujours ! Je le couve de mon œil !

AUGEREAU.

Il recevrait donc ton dernier soupir. Tu lui remet-
trais ce papier et tu lui répéterais mot pour mot ce
que je viens de te dire.

BARNABÉ.

Bon... Mais, dans le cas où je serais tué raide, ce qui
pourrait bien arriver, je vais écrire la consigne. Il la
trouvera dans mon sac qui lui reviendra de droit puisque je l'ai institué mon légataire universel.

AUGEREAU.

Bien. Et maintenant, adieu ou au revoir.

6.

BARNABÉ.

Et... si c'est au revoir, général?

AUGEREAU.

Tu viendras avec nous à Paris et André ne te quittera pas. Je te le jure.

BARNABÉ.

En ce cas, je vais défendre ma peau ; quoi qu'il arrive, mon général, comptez sur moi ! C'est dur ce qui me dégringole sur la tête... Mais, je ferai mon devoir... (Saluant militairement.) Général. (A part.) Cré nom ! gare au premier Autrichien qui me tombe sous la patte.

Il sort.

AUGEREAU, prenant son chapeau.

A présent !... A l'ennemi !...

Il sort.

Changement.

SEPTIÈME TABLEAU

Le pont d'Arcole

La campagne. — Site marécageux. — La rivière l'Alpon traverse le théâtre. — Un pont de bois part du dernier plan de gauche et va se perdre au deuxième plan dans la coulisse de droite. — A cet endroit qui indique le commencement du village d'Arcole, on voit quelques maisons crénelées qui en défendent l'entrée. — Il fait nuit, mais le jour doit venir graduellement. — Au changement, on entend la fusillade et la canonnade qui partent de la droite, deuxième plan.

SCÈNE UNIQUE

AUGEREAU, BONAPARTE, BARNABÉ, ANDRÉ, GANIVET, OFFICIERS, SOLDATS.

Les républicains débouchent au fond à l'entrée du pont, et ripostent par une vive fusillade.

AUGEREAU, un drapeau à la main qu'il va planter au milieu du pont.

En avant !

BONAPARTE, le suivant.

Courage ! enfants ! courage !

Tous traversent le pont au milieu de la fusillade ; à ce moment la charge retentit dans la coulisse à droite, et un général (le général Guieux) et des soldats républicains paraissent derrière les Autrichiens qu'ils taillent en pièces en les faisant entrer en scène par le premier plan ; d'autres soldats français paraissent à gauche et les couchent en joue. Le pont se garnit de soldats entourant la musique, qui joue la Marseillaise.

BONAPARTE.

Augereau !... Castiglione et Arcole vous appartiennent ! Ces deux batailles font de vous un héros !

AUGEREAU.

Général, je n'ai fait que vous imiter !

BONAPARTE.

Vous m'avez devancé. Bientôt, je l'espère, vous porterez à Paris, les drapeaux enlevés à l'ennemi. C'est par vous que l'on apprendra là-bas ce que valent les républicains de l'extérieur ! (Désignant le drapeau qu'Augereau tient encore à la main.) Gardez cet étendard, il vous appartient !

AUGEREAU.

Général !

BONAPARTE.

C'est votre trophée ! Il vous revient de droit ! Soldats ! L'armée qui vous menaçait avec tant d'orgueil ne trouve plus de barrière qui la rassure contre votre courage. Encore un effort, et le peuple français, libre, respecté du monde entier, donnera à l'Europe une paix glorieuse qui l'indemnisera des sacrifices de toute espèce qu'il fait depuis six ans ; vous rentrerez alors dans vos foyers et vos concitoyens diront, en vous montrant : Il était de l'armée d'Italie ! Soldats ! vive la France !

TOUS.

Vive la France !

La musique reprend l'air de la *Marseillaise*.

Rideau.

ACTE QUATRIÈME

—

HUITIÈME TABLEAU

La reconnaissance

A Paris, chez madame Augereau. Une chambre meublée sans luxe, mais propre — Porte au fond ; porte à droite. Une pendule à boîtier, dite coucou, marquant deux heures.—Fenêtre à gauche avec grands rideaux. — Table, chaises, etc.

———

SCÈNE PREMIÈRE

MADAME AUGEREAU, puis GANIVET et MARIOTTE.

Au lever du rideau, madame Augereau, assise à droite, devant la table, tricote des bas. On frappe au fond.

MADAME AUGEREAU, sans se déranger.

Entrez !

GANIVET, entr'ouvrant la porte du fond et montrant la tête.

Pardon, excuse! C'est-y pas ici que demeure madame Augereau ?

MADAME AUGEREAU, se retournant.

Un soldat !

GANIVET, la reconnaissant.

Eh ! mais oui ! La v'là ! (Appelant à la cantonade.) Eh !
Mariotte !

MADAME AUGEREAU.

Mariotte ?

GANIVET, entrant suivi de Mariotte.

Mariotte et Ganivet qui viennent fraternellement se
jeter dans vos bras, madame Augereau !

MADAME AUGEREAU.

Vous ? vous à Paris ? Ah ! Que je suis contente !

MARIOTTE, l'embrassant.

Eh bien ! Et nous donc !

GANIVET.

Après ma femme, patronne !

MADAME AUGEREAU.

Viens, mon garçon !

Ganivet l'embrasse.

GANIVET.

Cristi ! Ça ravigote, ça ! C'est comme qui dirait
l'air natal qui vous pénètre dans les intestins !

MADAME AUGEREAU.

Comment, c'est vous ?

MARIOTTE.

Comme vous voyez, madame Augereau. Nous-mêmes
en chair et en os.

GANIVET.

Et intimement unis par les liens du mariage !

MADAME AUGEREAU, leur serrant les mains.

Mes braves enfants !

GANIVET.

Ah ça ! Et le commerce, madame Augereau ? Qu'est-
ce que nous en disons du commerce ?...

MADAME AUGEREAU.

Je ne m'en occupe plus, mon garçon !

GANIVET,

Ah bah !

MADAME AUGEREAU.

J'ai vendu mon fonds !

MARIOTTE,

Quelle drôle d'idée !

MADAME AUGEREAU.

Et je vis tranquillement ici... avec Émilie... la pauvre fille !

MARIOTTE.

Qu'est-ce qui lui est donc encore arrivé ?

MADAME AUGEREAU.

C'est vrai... Vous ne savez pas... Elle est folle !

GANIVET et MARIOTTE.

Folle ?

MADAME AUGEREAU.

Quasi. Oh ! Pas méchante, la chère créature. Elle a quelques moments raisonnables... mais, le plus souvent, elle pense à son fils et, dans ces moments-là, on peut lui parler... elle n'entend rien... elle ne comprend rien... elle souffre !

MARIOTTE.

Et elle pleure ?

MADAME AUGEREAU.

Malheureusement non ! Si elle pouvait pleurer, il paraît qu'elle serait sauvée.

GANIVET.

Sauvée... en pleurant ?

MADAME AUGEREAU.

Oui ! d'après ce que dit le médecin.

GANIVET.

Et dire qu'il y en a tant qui pleurent et que ça rend malades !

MADAME AUGEREAU.

Ah ça! Et Pierre? Et mon fils, à moi?

GANIVET.

Tranquillisez-vous, madame Augereau ! Le général se porte comme le Pont-Neuf !

MARIOTTE.

Je crois même qu'il est encore plus solide que lui !

MADAME AUGEREAU.

Général ! Alors, c'est bien vrai, il est général ?

GANIVET.

Aussi vrai que Mariotte est madame Ganivet !

MADAME AUGEREAU.

Mon brave Pierre ! je me disais aussi : C'est un vaillant ! un solide !

GANIVET.

On ne bâtit plus comme ça !

MADAME AUGEREAU, continuant.

Il fera son chemin !

MARIOTTE.

Et il l'a fait, mame Augereau! Il l'a fait !

MADAME AUGEREAU, triste.

Que n'a-t-il fait celui de Paris pour venir embrasser a vieille mère !

GANIVET, à part.

V'là où faut être diplomate ! (Bas à Mariotte.) Arrange c't'affaire-là, Mariotte !

MARIOTTE, à madame Augereau.

S'il était venu, ça vous aurait causé une émotion...

MADAME AUGEREAU.

Une bien douce émotion, ma fille !

MARIOTTE.

Oui. Mais peut-être que ça vous aurait fait mal.

GANIVET.

L'émotion, c'est pas toujours bon pour la santé.

MADAME AUGEREAU.

Ce qui me fait mal, c'est d'être éloignée de lui...
Songez donc... depuis si longtemps... Je sais bien qu'il
m'a habituée à ses absences... Mais cette fois, j'ai
tout à craindre car... il se bat tous les jours !

GANIVET.

Ah ! Pour ça, il n'a pas d'autre occupation !

MARIOTTE.

C'est même la seule qui lui prenne beaucoup de
temps.

MADAME AUGEREAU.

Si on allait me le tuer !

GANIVET.

Dame !... C'est dans les choses possibles !

MADAME AUGEREAU.

Oh ! ne dis pas ça !

MARIOTTE.

Il faudrait pourtant vous consoler !

MADAME AUGEREAU.

Je ne le pourrais pas ! (Tout à coup.) Mais il ne lui est
rien arrivé, n'est-ce pas ?

GANIVET.

Puisqu'on vous le dit !

MADAME AUGEREAU.

Ah ! (Autre ton.) Encore, si je pouvais l'embrasser, ce
serait une consolation... Oh ! si je pouvais le voir !

7

GANIVET.

Alors, là, vrai... bien vrai... vous pourriez supporter ça ?

MADAME AUGEREAU.

Oui ! (Le regarde en face.) Mais que veux-tu dire ?

GANIVET.

Moi ? Oh ! rien de rien !

MADAME AUGEREAU.

Ganivet, tu me caches quelque chose ?

GANIVET.

Dame ! P't'être bien qu'oui ! P't'être bien qu' non ! (A part.) V'là où je suis diplomate !

MADAME AUGEREAU, chancelant.

Ah ! Pierre est à Paris !

MARIOTTE.

Allons bon ! v'là comme vous êtes raisonnable !

MADAME AUGEREAU.

Ne crains rien ! (A Ganivet.) Où est-il ?

GANIVET.

Où il est... où il est... Il est en route pour venir !

MADAME AUGEREAU, incrédule.

Ah !

MARIOTTE.

Mais il ne tardera pas !

SCÈNE II

LES MÊMES, AUGEREAU, ANDRÉ et BARNABÉ.

Ils paraissent au fond et écoutent.

MADAME AUGEREAU.

Je veux aller au-devant de lui !... Vous me guiderez... vous me... (Elle s'est retournée et pousse un cri.) Ah !

AUGEREAU, la recevant dans ses bras.

Mère !... (Il l'asseoit. A Mariotte.) Mariotte, elle est évanouie !

GANIVET.

Allons, bon !... Il ne manquait plus que ça !

MARIOTTE.

Ce n'est rien, général ! Eh, tenez ! la voilà qui rouvre les yeux... elle vous regarde !

MADAME AUGEREAU, se levant aidée de Mariotte et tombant dans les bras d'Augereau.

Ah ! mon fils ! mon fils !

Ils se tiennent embrassés.

SCÈNE III

LES MÊMES, ÉMILIE.

ÉMILIE, qui a paru à droite; pâle, le regard fixe, les cheveux épars.

Mon fils ?... Mon fils, a-t-on dit !... Le mien !... (Amèrement.) Le mien ! Non ! il est mort ! Mort !

Elle traverse lentement sans regarder les personnes qui sont là et va s'asseoir à gauche.

ANDRÉ, qui l'a regardée, étouffant un cri en voulant s'élancer vers elle.

Ah !

AUGEREAU, bas et le retenant du geste.

Silence !

André ne pouvant retenir ses larmes, sanglote et tombe assis au fond la tête dans ses mains.

MADAME AUGEREAU.

Elle est ainsi depuis qu'elle m'est revenue... guérie

de sa blessure. C'est un corps sans âme !... Une idée...
une idée fixe domine seule son pauvre cerveau : son
fils !

ANDRÉ, agenouillé, au fond, les mains jointes vers Émilie.

Mère ! je t'aime !

AUGEREAU, à madame Augereau.

Il faut que je lui parle !

MADAME AUGEREAU.

Elle ne te répondra pas !

AUGEREAU.

Peut-être !

MADAME AUGEREAU.

Que veux-tu dire ?

AUGEREAU.

Rien !... Encore un baiser, mère ! Embrasse-moi encore une fois et laisse-moi tenter une épreuve ! (Il embrasse madame Augereau.) Va !

MADAME AUGEREAU.

Puisses-tu réussir... Mais je n'espère plus rien !

Elle sort.

Augereau fait signe à Ganivet et à Mariotte de suivre sa
mère.

GANIVET.

Compris, général ! (A Mariotte.) Et dire que si tu me
perdais, tu serais peut-être comme ça !

MARIOTTE.

Moi? Ah! bien non, par exemple.

GANIVET, à lui-même.

Comme elle m'aime, ma femme !

Ils sortent par la droite derrière madame Augereau.

SCÈNE IV

AUGEREAU, BARNABÉ, ANDRÉ, ÉMILIE.

AUGEREAU, à Barnabé qui se dispose à sortir par le fond.

Reste!

BARNABÉ.

Général.

AUGEREAU.

Reste, te dis-je! (A André.) André!

ANDRÉ, se levant et sanglotant.

Ah! général!

AUGEREAU.

Du courage, enfant!

ANDRÉ.

J'en aurai, général.

AUGEREAU.

Et ne te trahis pas! (S'approchant d'Émilie.) Émilie!
(Émilie lève la tête et semble écouter.) Regarde-moi! (Émilie
le regarde en retournant lentement la tête vers lui.) Ne me reconnais-tu pas?

ÉMILIE.

Qui êtes-vous?

AUGEREAU.

Ton ami! ton frère! je viens te protéger... te consoler!

ÉMILIE.

Me protége...

AUGEREAU.

Oui !

ÉMILIE.

Me consoler?

AUGEREAU.

Souviens-toi ! Ne te l'ai-je pas promis ?

ÉMILIE.

Vous ?

AUGEREAU.

Moi ! Rappelle-toi... Quand tu me parlais de... tòn enfant !

ÉMILIE.

Il est mort!... Il l'a tué! Lui! Lui! (Après un temps et comme cherchant à se souvenir.) Mort? Mais non !... Puis-qu'il m'a parlé... Oui! La nuit... la nuit.. dans la ma-sure... à... (Prenant sa tête à deux mains et faisant des efforts pour se souvenir.) A Valmy! Oui, à Valmy ! Il m'a crié : Viens à moi !

ANDRÉ, comme illuminé.

Ah!

AUGEREAU, bas.

Que dit-elle?

ÉMILIE, retombant assise, à elle-même.

Viens à moi!

ANDRÉ.

Général! je me souviens et je crois comprendre...Il y a cinq ans... à Valmy, en effet... dans la masure où vous commandiez l'avant-poste.

AUGEREAU.

Oui! Eh bien?

ANDRÉ.

On voulait vous assassiner!

AUGEREAU.

M'assassiner?

ANDRÉ.

Oui! J'avais surpris le complot... La phrase qui devait empêcher l'assassin de tirer sur vous était précisément celle que vient de prononcer ma... ma mère! Au dernier coup de trois heures... C'était l'heure convenue... voyant une forme se dessiner dans l'angle de la masure, et croyant que c'était vous... j'ai jeté inconsciemment ces trois mots au hasard et ma mère fut sauvée car c'était elle! J'en suis sûr, à présent! Je le devine! je le sens!

AUGEREAU.

Oui! oui! Je me souviens aussi! Ce cri... Ces paroles qu'elle prononça et auxquelles je ne pris pas garde... Ah! si j'avais pu prévoir...

ÉMILIE, à elle-même.

Là-bas... les soldats... la nuit... l'horloge... trois heures!

AUGEREAU, regardant la pendule.

Ah! (Il va mettre les aiguilles sur trois heures. — A Barnabé.) Barnabé!

BARNABÉ.

Général!

AUGEREAU.

Ferme cette fenêtre et tire les rideaux.

BARNABÉ.

J'obéis, général!

Il exécute l'ordre.

ANDRÉ.

Ah! je vous comprends!

AUGEREAU.

Espère, enfant ! espère !

La scène s'obscurcit.

ÉMILIE.

La nuit... comme là-bas... mon fils... parle-moi !
Parle-moi encore ! (La pendule sonne un coup.) Ah !...
(Après avoir écouté.) Rien ! Il est mort ! (La pendule sonne
le deuxième coup.) Je n'entendrai plus sa voix me crier :
Maman ! maman !

ANDRÉ.

Viens à moi !

La pendule sonne le troisième coup.

ÉMILIE, se redressant.

Ah !

AUGEREAU.

Emilie !

ÉMILIE.

Lui ! c'est lui ! Il m'a parlé ! Je l'ai entendu ! Mon
fils ! mon fils !

Barnabé ouvre les rideaux, le jour revient.

ANDRÉ.

Ma mère !

Il veut s'élancer dans ses bras.

ÉMILIE, le repoussant doucement et le regardant avec surprise

Que me voulez-vous ?

ANDRÉ.

Mère chérie !

ÉMILIE.

Sa mère !... Il m'a appelée sa mère ! Comme sa voix
est douce !

ANDRÉ.

C'est moi... André...

ÉMILIE.

André ! Non ! non !

AUGEREAU.

C'est ton fils, ton enfant! Celui que tu pleures depuis de longues années !

ÉMILIE.

Lui ? Lui ?... Non !

AUGEREAU.

Que lui dire pour évoquer ses souvenirs ? (A André.) Cherche ! Rappelle-toi quelque chose de ton enfance... quelque chose qui la frappe... qui la fasse tressaillir !... Qui lui fasse prononcer ton nom, dût son cerveau éclater dans le cri qui l'accompagnera !

ANDRÉ, tout à coup.

Ah !

S'approchant d'Émilie et chantant doucement, suffoqué par les larmes.

> Quand le vent fait chanter les ailes,
> Les blanches ailes du moulin,
> Je chante toujours avec elles
> Ce gai refrain,
> Tin, tin, tin, tin,
> C'est la chanson de Mathurin.
> Tin, tin, tin, tin...

Émilie a relevé la tête. Les sanglots commencent à l'étouffer ; elle prend son front à deux mains et pleure.

ANDRÉ, que l'émotion étreint à la gorge.

C'est la chanson de Mathurin !

ÉMILIE, poussant tout à coup un cri terrible.

Ah ! André ! André !

ANDRÉ.

Ah !

Il se jette dans ses bras.

BARNABÉ, à part.

Et moi... rien !... C'est bien ce que je pensais.

7.

ÉMILIE, au milieu de ses larmes.

Toi !... Toi !... Mon fils !... Attends ! (Passant sa main sur son front.) Si l'on me trompait ? Non ! Ce serait trop cruel !... (Promenant ses regards autour d'elle et les arrêtant un instant sur Augereau.) Pierre !... Ah ! je crois, maintenant ! Je crois !

> Elle serre André dans ses bras.

ANDRÉ.

Mère !... ma mère adorée !... Ah ! je te reconnais bien, moi !... Oui, c'est bien toi... toi, qui venais me voir au village !

ÉMILIE.

Au village ?

ANDRÉ.

Chez le père Mathieu... Tu te souviens ? Il y avait aussi mère Madeline...

ÉMILIE.

Oui ! oui !

ANDRÉ.

Tu me prenais dans tes bras... tu me serrais sur ton cœur et tu m'embrassais en pleurant .. comme en ce moment... Mais alors, c'étaient des larmes de douleur que tu versais, tandis qu'aujourd'hui tu ne dois plus répandre que des larmes de joie.

ÉMILIE.

De joie ?... Oui ! Oui ! Te voilà ! Je te revois !... Mon Dieu, vous avez eu pitié de la pauvre mère... Mon fils m'est rendu .. et c'est bien lui !... Je le sens aux battements précipités de mon cœur ! Qui donc m'a donné cette joie suprême ?

AUGEREAU, désignant Barnabé.

Ce brave !

ÉMILIE.

Vous, monsieur.

BARNABÉ.

Oh ! ne faites pas attention... Je compte si peu, à présent...

AUGEREAU, avec reproche.

Barnabé !

BARNABÉ.

Que voulez-vous, mon général... Je suis désespéré ! C'est mon fils aussi! Jusqu'à ce jour, il m'a prodigué ses caresses. A présent, se souvient-il seulement de moi ?

ANDRÉ.

Ah! père, c'est mal ce que tu dis là !

BARNABÉ.

C'est peut-être mal... je ne dis pas... Mais ça a une grande qualité, va: c'est sincère !

ANDRÉ.

Puis-je oublier que tu m'as aimé... que tu m'aimes encore? Puis-je oublier que tu m'as sauvé la vie ? Que tu as remplacé auprès de moi, celui qui aurait dû me guider, me protéger? Ah ! celui-là, quel qu'il soit, ne parviendra jamais à effacer ton souvenir de ma pensée! Tu es mon père! Et voilà ma mère !

ÉMILIE.

Tu as raison, André ! Et si jamais le nom de celui qui t'a donné le jour arrivait jusqu'à toi, raye-le de ta mémoire! Dis-toi : C'est le persécuteur de ma mère! Il lui a infligé les plus horribles tortures. Il lui a prodigué les humiliations, les injures.

ANDRÉ, frémissant.

Oh!

ÉMILIE, continuant.

Dis-toi tout cela, mon fils, et n'écoute pas la voix de la nature si cette voix dominait les sentiments de haine que tu dois éprouver pour l'homme qui t'a méconnu, abandonné, renié !... Ton père ! Lui ?... Non. (A Barnabé.) Votre main, monsieur ! (Barnabé la lui donne, baissant la voix.) Si le désespoir, la douleur, les larmes peuvent réhabiliter la créature tombée, croyez à ma réhabilitation, car ni la douleur, ni le désespoir, ni les larmes ne m'ont été épargnés.

BARNABÉ.

Madame,... ma... ma... (Éclatant tout à coup.) Nom de nom, de nom, de nom !

AUGEREAU.

Qu'as-tu ?

BARNABÉ.

J'ai... j'ai que ça ne peut pas se passer comme ça, général !... Des paroles ? Et puis après ?... C'est des actes qu'il faut ! qu'ai-je besoin de chercher dans votre existence, moi ? Ce que vous êtes ? Je le sais ! vous êtes la mère de mon fils ! Et ça me suffit !... Je ne peux pas avoir de fils si je n'ai pas de femme, pas vrai ?... C'est naturel, ça ! Eh bien ! eh bien... Allons, bon ! voilà que je n'ose plus...

AUGEREAU, lui serrant la main.

Brave garçon, va !

BARNABÉ.

Vous m'avez compris, vous, général... Faut-il que j'en dise plus long ?... Je ne crois pas. C'est une situation à régulariser, quoi !... pour l'enfant !... Et puis... et puis ça me créera une famille à moi qui n'en ai jamais eu et qui voudrais bien savoir ce que c'est !

ÉMILIE.

Non ! non ! Est-ce que j'ai le droit d'agir ainsi qu'une honnête femme ?

BARNABÉ.

Est-ce que vous avez le droit de me briser le cœur ?

ÉMILIE.

Est-ce que j'ai le droit de vous prendre votre nom ?

BARNABÉ.

Est-ce que vous avez le droit de me prendre mon fils ?

ÉMILIE.

Je vous en prie.

BARNABÉ.

Il est soldat ! Il partira... Je le suivrai !... Et que lui répondrai-je quand il me parlera de sa mère ?

ÉMILIE.

Ah ! vous êtes sans pitié !

BARNABÉ.

Dites aussi que je vous persécute !

ÉMILIE.

Vous ? oh !

BARNABÉ.

Dame !

ANDRÉ.

Mère... que je serais heureux entre vous !

ÉMILIE, l'étreignant.

André ! (Tendant la main à Barnabé.) Venez ! C'est ma bienfaitrice qui vous répondra !

AUGEREAU.

Excellente idée ! ma mère ne peut que te donner un bon conseil !... Eh bien ! Tu ne m'as pas encore embrassé, moi.

ÉMILIE, l'embrassant.

Au revoir, frère !

Elle sort par la droite avec André.

BARNABÉ, qui la suivait, s'arrêtant au moment de sortir, à Augereau.

Général, vous ne m'en voulez pas ?

AUGEREAU, lui tendant la main.

Va !

BARNABÉ.

Vous m'approuvez ? c'est tout ce que je voulais savoir! (A lui-même.) Cristi ! voilà une bonne journée qui
se prépare!

Il sort.

SCÈNE V

AUGEREAU, puis BOUVEL.

AUGEREAU, seul.

Allons, me voilà rassuré de ce côté-là! J'ai fort bien
compris les paroles de Barras, ce matin : Général,
m'a-t-il dit, le traité signé à Campo-Formio, et que
vous êtes chargé de nous remettre, assure à la nation
une paix glorieuse. Nos frontières n'ont plus besoin
d'être arrosées du sang de nos enfants. Réprimer les
coalitions à l'intérieur, voilà désormais où doivent
tendre nos efforts. L'armée peut, quant à présent, se
passer de quelques-uns de ses principaux chefs. Mais
il n'en est pas de même de Paris qui a besoin de vail-
lants défenseurs. C'était me dire : Restez avec nous,
mettez votre épée à notre service. J'ai accepté.

BOUVEL, entrant.

Salut au général Augereau !

AUGEREAU.

Qui êtes-vous ?

BOUVEL.

Le citoyen Pierre Bouvel, membre du club des Cli-
chyens.

AUGEREAU.

Et que me voulez-vous ?

BOUVEL.

Vous faire une proposition au nom de mes collègues.

AUGEREAU.

Parlez!

BOUVEL.

La France est mal gouvernée. Les directeurs se déchirent entre eux... C'est à qui arrivera à la dictature. Nous avons résolu de réformer tout cela. Nous sommes forts, puissants! Mais il faudrait à notre tête, outre les gens éminents inscrits sur notre liste, un général dont le nom seul pût inspirer la terreur dans les rangs de nos adversaires. Ce général, nous l'avons tous désigné : c'est vous! Aussi, ai-je été délégué pour me présenter à vous et vous demander votre adhésion.

AUGEREAU.

C'est tout?

BOUVEL.

C'est tout!

AUGEREAU.

Je pourrais ne pas vous répondre. Mais il me plaît de vous dire que, depuis ce matin, je suis investi du commandement en chef de la place de Paris, et je ne vous le cache pas, mon premier soin, en entrant en fonctions, sera de dénoncer au gouvernement le complot que vous-même avez pris soin de me dévoiler.

BOUVEL.

Général!

AUGEREAU.

Je n'ai plus rien à vous dire !

BOUVEL.

Alors, vous nous trahirez?

AUGEREAU.

Croyez-vous que ce soit une trahison?

BOUVEL.

Oui !

AUGEREAU.

Sortez !

BOUVEL.

Pas avant d'avoir obtenu votre parole d'honneur, votre parole de soldat, que ce que je viens de vous dire restera un secret entre nous !

AUGEREAU.

Des conditions... à moi ! misérable !

BOUVEL.

Prenez garde !

AUGEREAU.

Ah ! ah ! Un assassinat !... Déjà ?

BOUVEL.

Des représailles, si vous aimez mieux. Je vous aurais fait grâce de la vie, que j'ai cependant juré de vous enlever, si vous vous étiez rangé de notre côté, si vous aviez consenti à servir notre cause. Mais vous refusez et, de plus, vous nous menacez de nous dénoncer. Alors, ma haine reparaît plus ardente que jamais et je vais vous tuer.

AUGEREAU.

Diable ! Voilà qui n'est pas fait pour m'intimider ! Mais, dites-moi, pourquoi m'avez-vous voué une haine si violente ?

BOUVEL.

C'est juste ! Vous ne pouvez me reconnaître, moi, le misérable... Ainsi que vous venez de m'appeler.

AUGEREAU.

Et remarquez que je le pense !

BOUVEL, tirant un pistolet de sa poche.

Ah !

AUGEREAU.

Avant de me tuer, répondez à ma question.

BOUVEL.

Rappelez-vous les ruines de l'abbaye !

AUGEREAU.

Les ruines de l'abbaye ?

BOUVEL.

Il y a cinq ans. L'homme à qui vous avez infligé le plus sanglant outrage. Je le sens encore votre soufflet !... Il est là... il me brûle et la douleur que j'éprouve ne se calmera que dans votre sang. Il fallait me faire fusiller. Vous n'auriez pas aujourd'hui un ennemi implacable devant vous !

AUGEREAU.

Allons, finissons-en !

Il veut s'élancer sur lui.

BOUVEL, levant son pistolet.

Oui ! finissons-en !

SCÈNE VI

LES MÊMES, BARNABÉ, puis ANDRÉ, ÉMILIE,
MADAME AUGEREAU,
GANIVET et MARIOTTE.

BARNABÉ, qui a paru à droite.

Hein !

Prompt comme la pensée, il tire lui aussi son pistolet de sa ceinture et fait feu sur Bouvel.

BOUVEL.

Ah !

Il tombe.

BARNABÉ.

Atout! c'est du pique!

ANDRÉ, accourant.

Qu'y a-t-il?

AUGEREAU, voyant Emilie et madame Augereau.

Emilie! Ma mère! Retirez-vous!

ANDRÉ, qui s'est approché de Bouvel, le reconnaissant.

Ah! lui!

AUGEREAU.

Tu connais cet assassin?

TOUS.

Un assassin?

BARNABÉ.

Eh oui! Il allait tirer sur le général quand je suis arrivé à temps.

ANDRÉ.

Ah! cela devait être! c'est cet homme, quand j'étais enfant, qui me martyrisait et me forçait à le suivre!

BOUVEL, se soulevant et le regardant.

Ah!

ANDRÉ.

Me reconnais-tu?

BOUVEL.

Oui!... André!

Il retombe et meurt.

BARNABÉ.

Eh bien! maintenant, je crois que je peux être de la famille.

Rideau.

ACTE CINQUIÈME

NEUVIÈME TABLEAU

La mort d'un traître.

Un intérieur (une cabane) porte au fond. Au lever du rideau, des soldats français sont campés çà et là.

SCÈNE PREMIÈRE

GANIVET, SOLDATS, puis ANDRÉ.

GANIVET, finissant d'écrire appuyé sur son sac.

Là! v'là qui est fait! Voyons un peu ça. (Lisant) « 6 février 1807. Ma petite femme. Je t'écris avec mon cœur et une plume d'oie que j'ai pu dénicher pour te donner de mes nouvelles. En quittant l'armée de Rhin et Moselle, où le général Augereau, à c't'heure maréchal de France et duc de Castiglione, avait été remplacer le général Hoche qui venait de trépasser, nous avons filé à la dixième division militaire en garnison à Perpignan. Là, j'ai mené la vie d'un coq en pâte. Ça a duré jusqu'à l'arrivée du maréchal qui, ayant été nommé par le département de la Haute-Garonne, membre du Conseil des Cinq Cents, était reparti pour Paris. En quittant Perpignan, nous avons pointé tout droit sur la Hollande. Ce pays-là n'est pas mon rêve. Il est vrai que celui où nous sommes et d'où je t'écris, ne l'est pas davantage. Ce n'est pas gai, la Pologne. Nous sommes dans un camp retranché en avant de Varsovie, dans le faubourg de Praga. Rien autre à te marquer si ce n'est que je t'aime de plus en plus, vu l'éloignement. Ton petit Chrysostôme chéri, Ganivet. » Eh! bien, c'est pas mal tourné, ça!

ANDRÉ, portant l'uniforme de capitaine.

Ganivet!

GANIVET.

Ah! oh! capitaine, vous v'là! Tiens, j'ai oublié de parler de vous.

ANDRÉ.

A qui?

GANIVET.

A ma femme... dans une lettre mémorable que je viens de lui confectionner... Ça lui aurait fait plaisir d'apprendre que vous êtes devenu capitaine. Le capitaine André! ça résonne bien, ça!.. Mais pardon, est-ce qu'il y a du nouveau?

ANDRÉ.

Non. Mais je crois qu'il ne tardera pas à y en avoir.

GANIVET.

Ah bien! tant mieux!

ANDRÉ.

Oui. Tant mieux! car cette inaction me pèse, me fatigue. Depuis un mois, rien n'est venu troubler notre repos, si ce n'est quelques escarmouches d'avant-postes.

GANIVET.

Des choses sans conséquence!

ANDRÉ.

Tu n'as pas vu ma mère?

GANIVET.

Non, capitaine. Pas encore. Mais elle va venir; depuis quinze jours qu'elle est notre voisine...là, à Praga,
elle n'a pas manqué une seule fois de venir vous embrasser.

ANDRÉ.

Je voudrais la décider à retourner en France.

GANIVET.

Le fait est que c'est une drôle d'idée qu'elle a eue
là de quitter Paris.

ANDRÉ.

Elle y a été obligée par la mort de madame Augereau. Elle s'est fait un devoir d'apprendre elle-même
au maréchal cette triste nouvelle.

GANIVET.

C'est des vilaines commissions, ça! Faut bien aimer les gens pour s'en charger.

ANDRÉ.

Et mon père, où est-il?

GANIVET.

Il est de service dans le camp.

ANDRÉ.

Je vais faire ma tournée d'inspection; s'il y a du
nouveau, tu me feras prévenir.

GANIVET.

Bien, capitaine.

ANDRÉ, à lui-même.

Je ne sais pourquoi, mais j'ai le cœur serré comme
à l'approche d'un malheur.

Il sort.

SCÈNE II

GANIVET, puis LE COMTE, et des SOLDATS.

GANIVET.

Tout ça c'est pas raisonnable! Moi, je dis que les
femmes ça, ne doit pas s'occuper des affaires des hommes... à moins d'être cantinières... et encore! C'est ce
que j'ai fait observer à Mariotte, qui, elle aussi, voulait reprendre du service. Ç'a été dur, mais enfin,
elle a fini par comprendre la puissance de mes argu-
ments, et elle est restée... seulement, il y a déjà pas
mal de temps de ça... et ça me gêne!

LE COMTE, déguisé en homme du peuple polonais, avec une
balle sur le dos. Il est suivi de plusieurs soldats.

Par ici, mes braves! Nous allons vous montrer la
marchandise.

GANIVET.

Ah! ah! c'est un polonais qui vient faire du commerce!

Les soldats déjà en scène se lèvent et s'approchent.

LE COMTE, déposant sa balle et l'ouvrant.

J'ai des bretelles, des mouchoirs, du fil, des aiguilles... des boutons. Par exemple, je ne vous garantis
pas qu'ils sont conformes à l'ordonnance. Mais enfin, ça
peut toujours remplacer ceux qui manquent.

GANIVET, s'approchant.

Voyons ça pendant que le capitaine André est ab-
sent.

LE COMTE, vivement.

André?

GANIVET.

C'est qu'il n'aime pas bien ça, lui.

LE COMTE, à part.

Bah! A quoi vais-je penser! (Haut, enjoué.) Voyez, re-
muez, cherchez. Tout ça arrive en droite ligne de votre beau pays, de la France!

Il est baissé ainsi que les soldats auxquels il semble montrer
sa marchandise.

SCÈNE III

LES MÊMES, BARNABÉ, ÉMILIE, qui viennent d'entrer.

ÉMILIE, tressaillant, à part.

Cette voix!

BARNABÉ.

Qu'avez-vous ?

ÉMILIE, tout en regardant le comte toujours baissé.

Rien, mon ami! (Le comte fait un mouvement. Elle voit
son visage.) Ah!

BARNABÉ, à part.

Cet homme...

ÉMILIE.

Laissez-moi, je vous prie... Cherchez André, et si
vous le trouvez, retenez-le...

BARNABÉ, incrédule.

Ah!

ÉMILIE.

J'ai à parler à... à Ganivet.

BARNABÉ, même jeu.

Bon!

ÉMILIE.

Allez et à bientôt !

BARNABÉ à part.

Qu'est-ce que ça veut dire ?

Il sort après avoir regardé le comte.

SCÈNE IV

LES MÊMES, moins BARNABÉ.

Émilie ne quittant pas le comte des yeux se retire dans l'angle droit au fond et se dissimule.

LE COMTE, se redressant.

Allons, mes braves, fouillez et faites votre choix !
(A lui-même pendant que tous sont occupés aux marchandises.
Écrivant sur un carnet.) Trois lignes de vingt mille hommes chacune occupent le camp retranché sur un développement considérable...

ÉMILIE, qui avance la tête pour voir ce qu'il fait, le voyant écrire ; à part, tressaillant d'indignation.

Oh !

LE COMTE, continuant.

Le reste des troupes françaises borde la rive droite de la Vistule : les avant-postes occupent une ligne partant de Bug et s'étendant de la Narew jusqu'à la petite rivière de l'Orzic. Renseignements précieux et qui, cette fois, pourraient bien nous conduire à la victoire.

GANIVET, se redressant.

Qu'est-ce que vous écrivez donc là ?

LE COMTE, vivement, serrant son carnet.

Je fais mes comptes. Ne vous occupez pas de cela !
Avez-vous trouvé votre affaire ?

GANIVET et LES SOLDATS.

Oui, oui.

LE COMTE.

En ce cas, hâtez-vous de me payer, car j'ai fort peu
de temps.

Les soldats lui donnent des pièces de monnaie. On entend
une batterie de tambour.

GANIVET.

Sur ce, les enfants, v'là la soupe. Allons-y !

LE COMTE, bouclant sa balle.

Allez, mes amis, allez !

Les soldats sortent.

GANIVET, à part.

Moi, j'ai pris une paire de bretelles!... Ça me rap-
pellera Mariotte! C'était toujours elle qui me les passait.

Il sort.

SCÈNE V

LE COMTE, ÉMILIE.

LE COMTE.

Et maintenant, tâchons de sortir du camp comme
j'y suis entré, c'est-à-dire sans éveiller le moindre soup-
çon ! (Il remonte et se trouve en face d'Émilie qui, les bras croi-
sés, lui barre le passage.) Ah !

Il recule.

ÉMILIE.

Vous me reconnaissez?

LE COMTE, à part.

De l'audace ou je suis perdu. (Haut.) Non !

8

ÉMILIE.

Vraiment ? Regardez-moi donc bien en face ! Mes
traits sont-ils changés à ce point que vous ne puissiez
mettre un nom sur mon visage ?

LE COMTE.

Enfin ! que me voulez-vous ?

ÉMILIE.

Tout simplement vous empêcher de passer !

LE COMTE.

Mais...

ÉMILIE.

Cela vous surprend ? Votre surprise cessera, je n'en
doute pas, quand je vous aurai dit que tout le monde a
le droit d'arrêter un espion, un traître ! (Mouvement du
comte.) Oui ! un traître !

LE COMTE.

La douleur vous égare ! Vous pensez à votre enfant
et je vous pardonne !

ÉMILIE.

Mon enfant ! Vous osez l'invoquer ! Eh bien ! soit !

LE COMTE.

S'il est mort... je n'y suis pour rien !

ÉMILIE.

Est-il réellement mort ?

LE COMTE.

Oui.

ÉMILIE.

Vous mentez !

LE COMTE.

Pourquoi mentirais-je ?

ÉMILIE.

Pour ne pas revenir sur votre première déclaration.

Mais rassurez-vous et, si le sentiment de la paternité est en vous, vous tressaillerez d'aise en apprenant qu'André est vivant.

LE COMTE.

Ah!

ÉMILIE.

Vous devez bien comprendre que je ne mens pas, moi! S'il en était autrement, pas un cri, pas un mot ne se fût échappé de mes lèvres. (Tirant un pistolet.) A l'aide de cette arme j'aurais déjà fait justice de son meurtrier. (Autre ton.)Vous êtes venu ici pour livrer les Français,vos compatriotes...Vous êtes un traître! Vous méritez la mort! Mais je ne veux pas,vous m'entendez bien, je ne veux pas que l'on puisse recueillir votre dernier soupir !... André es honnête homme! Il ignore jusqu'à votre nom! Je ne veux pas que le père déshonore le fils!

LE COMTE.

Ah !

ÉMILIE.

Pour cela, que faut-il? Que l'on trouve votre cadavre à mes pieds. Je dirai que j'ai tué un espion! Et je le prouverai, car vous avez écrit vos renseignements... ils sont là... (Mouvement du comte.) Oh! je vous ai vu !... Comme je vous tiens bien à mon tour !... Vous avais-je bien deviné, dites? Et vous ayant si bien deviné, pouvais-je vous accompagner pour partager votre infamie?

LE COMTE.

Ah ! c'en est trop!

ÉMILIE.

M'avez-vous épargnée, vous? Non? Vous avez fait plus que de m'insulter... vous m'avez outragée... Vous avez fait plus encore : vous avez martyrisé mon enfant.

LE COMTE.

S'il vit, comme vous le prétendez, appelez-le. Lui seul a le droit de me condamner ou de m'absoudre !

ÉMILIE.

Ah ! ah! Le misérable lâche ! Il a peur ! Il demande le fils, espérant qu'il sera moins inexorable que la mère ! L'appeler, dis-tu ? pour qu'il te voie, pour qu'il te connaisse, pour qu'il rougisse de toi ? Non, ne l'espère pas.

LE COMTE.

Au moins, quand vous m'aurez... tué, me ferez-vous la grâce de lui apprendre le nom de son père ?

ÉMILIE.

Lui dire : Ton père était un renégat! Jamais! entendez-vous, jamais!

LE COMTE.

Alors, tuez-moi !

ÉMILIE.

Oui ! Je vais vous tuer, et cela sans remords... bien convaincue que ce que je vais faire est un acte de justice !

LE COMTE, qui écrit sur son carnet.

Seulement, comme je tiens à obtenir l'absolution de mes... fautes...

ÉMILIE.

De vos crimes !

LE COMTE.

Soit. (Détachant le feuillet de son carnet et le pliant.) Il est bon que vous sachiez que ce mot renferme notre secret. Il est adressé au capitaine André. Il ne pourra donc manquer de connaître son père et il apprendra que son assassin est celle à qui il a voué toute sa tendresse, tout son amour !

ÉMILIE.

Ah ! Infâme !

LE COMTE.

On trouvera ce billet sur moi. (Mouvement d'Emilie.)

Oh! vous ne me l'arracherez pas car, dans mon agonie, je le défendrai jusqu'à ce que l'on arrive pour vous empêcher de profaner mon cadavre! (Il serre le papier sur sa poitrine.) Et maintenant, frappez!

ÉMILIE.

Ah!

LE COMTE.

Vous hésitez?.. Et vous avez raison! Placés dans la situation où nous sommes, le fils... vous l'avez dit et je vous approuve... le fils doit ignorer le nom même de son père. Mais comme nous luttons à armes inégales, vous me permettrez bien de choisir les miennes. Elles porteront plus sûrement que la balle de ce pistolet. Allons, frappez! Et, du même coup, vous ferez deux victimes.

ÉMILIE.

Ah!.. Ah! Mais, c'est qu'il dit vrai, ce misérable! André m'accusera!.. Il me maudira, peut-être!.. Maudite par mon fils!.. Mais non! Cela ne peut pas être! Il sait tout ce que vous m'avez fait souffrir?

LE COMTE.

Il saura que j'étais son père!

ÉMILIE.

Ah!.. Il vous hait!

LE COMTE.

Il me hait vivant! Il me pleurera mort!

ÉMILIE.

L'amour maternel calmera ses douleurs!

LE COMTE.

Le souvenir de l'acte que vous aurez commis le tuera!

ÉMILIE, égarée.

Dit-il vrai?

8.

LE COMTE.

Frappez !

ÉMILIE.

Je n'ose plus !... Et... et si je consens à vous laisser
la vie sauve, que ferez-vous ?

LE COMTE.

Je partirai, et jamais, je le jure, ce secret ne sortira
de mes lèvres !

ÉMILIE.

Jamais ?

LE COMTE.

Jamais !

ÉMILIE.

Va donc et fasse le ciel que tu ne te parjures pas
encore en trahissant ce nouveau serment !

LE COMTE, à part avec joie.

Ah !

Il remonte.

SCÈNE VI

LES MÊMES, ANDRÉ.

ANDRÉ, paraissant au fond.

Restez !

ÉMILIE.

André !

ANDRÉ, descendant lentement au milieu ; au comte.

Ainsi, vous êtes mon père ! (A Émilie qui fait un mouvement.) Ah ! je sais tout ! J'étais là ! (Au comte.) Mon
père... vous !... Oh !

ÉMILIE.

André... mon enfant !

ANDRÉ.

Rassure-toi, ma mère ! Il ne peut rien arriver de ce que tu supposes. Eh bien, oui ! je le connais, à présent, ce secret !... Voilà l'homme qui m'a jeté sur la terre... qui m'a misérablement abandonné... qui a fait plus, qui a désiré ma mort et celle de la femme qu'il a lâchement trahie... Cet homme est là... devant nous... ses juges ! Haut la tête, mère ! C'est à lui de courber le front. Et maintenant que faire ? L'absoudre ? Est-ce possible ?

ÉMILIE.

André !

ANDRÉ.

Non ! n'est-ce pas ? Le frapper ? Tout mon être se révolte à cette pensée. Et cependant, je ne puis le laisser vivre ! Le sort d'une bataille peut dépendre de ce qu'il a vu, de ce qu'il a surpris dans notre camp. Je suis soldat ! Mon devoir me commande d'arrêter un espion, de le faire fusiller... et j'hésite ! Ah ! ce n'est pas ce que tu penses, va, ma mère ! Que m'importe que l'on sache que cet homme est un lâche ? Tu l'as dit : je suis homme d'honneur, moi ! Que peut-il y avoir de commun entre nous ? Je ne l'ai jamais connu ! Son nom ? L'ai-je porté ? Le sang qui circule dans mes veines ? Mais ce sang a été régénéré par plus de dix blessures ! Il a coulé sur les champs de bataille... un autre l'a remplacé ! Cet homme ne m'est donc rien absolument... rien ! C'est un étranger, et je puis agir !

Il fait un mouvement pour appeler.

ÉMILIE.

Mon fils !

ANDRÉ.

Ah ! c'est à devenir fou !... Mais de quoi est-ce donc fait, ce que l'on nomme le cœur ? De haine, de mépris, de dégoût? Oui! De tout cela, assurément. Mais il y a le pardon qui s'impose et qui domine en maître quand la nature nous crie : C'est ton père!

ÉMILIE, à part.

Ah! ce que je craignais!

ANDRÉ, continuant.

Mon père! Eh bien, oui! Il l'est, quoi que je fasse! Et moi, son fils, je pleure, je souffre et je blasphème! je suis l'obstacle!... C'est clair!... La solution est bien simple : c'est à moi de disparaitre.

ÉMILIE.

Ah!

ANDRÉ.

Conseille-moi!

ÉMILIE.

Ah! pourquoi es-tu venu?

ANDRÉ.

Pourquoi était-il là?

ÉMILIE.

Tu le sais bien!

ANDRÉ.

Oui! ah! oui! je le sais! et je voudrais ne pas m'en souvenir! (Au comte.) Mais rien ne parle donc en vous? Si les rôles étaient intervertis, si j'étais à votre place, il me semble pourtant que je trouverais quelque chose à faire!

LE COMTE.

Que feriez-vous?

ANDRÉ.

Je me tuerais.

LE COMTE.

Certes, ce serait fort beau... mais parfaitement inutile.

ANDRÉ, avec mépris.

Oh !

LE COMTE, continuant.

Ce qu'il y aurait de plus sage, à mon avis, ce serait d'agir absolument comme si nous ne nous étions jamais rencontrés. Mon nom vous est odieux? Oubliez-le ! Quant au vôtre, il me sera doux de m'en souvenir. (Mouvement d'André.) En cela, je suis sincère, croyez-moi ! Mais jamais personne ne me l'entendra prononcer !... Je me souviendrai toujours de cette suprême entrevue. Oui ! vous avez raison !... C'est à moi de courber le front et je m'incline devant vous !

ANDRÉ.

Mère ! que fait-il ?

ÉMILIE.

Il tremble !

LE COMTE.

Non ! Je m'humilie !

ANDRÉ.

Mais si je vous laisse vivre, mes compagnons d'armes mourront vendus, trahis, non seulement par vous, mais par moi ! Et leurs cris d'agonie retentiront à mon oreille, non pas comme un glas funèbre, mais comme des malédictions. Ils me crieront, à moi, leur camarade, leur ami, leur frère : Traître ! traître !

ÉMILIE.

Non ! Je ne le veux pas.

LE COMTE.

Si vous craignez que je rende compte aux miens de ce que j'ai pu surprendre dans votre camp, il est un moyen de vous rassurer sur ce point : Signez-moi un sauf-conduit pour rentrer en France, et faites-moi escorter jusqu'à la frontière !

André regarde Émilie.

ÉMILIE.

Oui, mon fils, oui !

ANDRÉ, écrivant quelques mots à la hâte et appelant.

Quelqu'un !

SCÈNE VII

Les Mêmes, BARNABÉ.

BARNABÉ.

Capitaine !

ANDRÉ, lui donnant le papier.

Tiens ! Fais exécuter cet ordre !

BARNABÉ, lisant le papier et le déchirant.

Non !

LE COMTE et ÉMILIE, à part avec un accent différent.

Ah !

ANDRÉ, à Barnabé.

Que fais-tu ?

BARNABÉ.

Mon devoir ! Et je te forcerai bien à faire le tien !

ANDRÉ.

Ah ! c'est que tu ne sais pas...

BARNABÉ.

Je ne veux rien savoir si ce n'est que cet homme
est un espion, un traître ! Si tu le sauves, tu deviens
son complice, et je ne veux pas que tu te déshonores !

LE COMTE.

Je suis son père, il a bien le droit de me protéger !

BARNABÉ.

Son père? Toi? Pardieu! voilà qui est curieux!
(Désignant Emilie.) Demande à ma femme, s'il est bien
mon fils!

SCÈNE VIII

Les Mêmes, AUGEREAU.

AUGEREAU.

Qu'est-ce donc?

BARNABÉ, désignant le comte.

C'est un coquin que je vais faire passer par les armes, maréchal!

AUGEREAU, regardant le comte.

Ah! (Moment de silence.) Va, je te le livre!

Barnabé remonte et fait un signe. Des soldats entrent et se
tiennent au fond.

LE COMTE, à Augereau.

Ce n'est pas toi qui me tues, Augereau! C'est mon
fils! Par ton ordre, il devient parricide!

ANDRÉ, avec un cri.

Moi?

ÉMILIE.

Ne le crois pas, André! Ne le crois pas!

BARNABÉ, au comte.

Marche!

LE COMTE.

Je vous suis! (Il remonte. Arrivé à la porte, il se retourne
vers André.) Adieu, André!

André lève la tête. Il va parler. Augereau l'arrête en lu
saisissant le bras et, de l'autre main, désigne la porte.
Le comte sort avec Barnabé et les soldats. André tombe
accablé sur un siège.

SCÈNE IX

LES MÊMES, moins LES PRÉCÉDENTS.

ÉMILIE, à André.

Mon enfant !

ANDRÉ, absorbé.

Il a dit : c'est mon fils qui me tue! (Se levant.) Est-ce vrai, cela ?

ÉMILIE.

Non! non!

AUGEREAU.

C'est moi qui le frappe! Et ma conscience ne me reproche rien!

ÉMILIE.

Souviens-toi de mes paroles, André : Si jamais le nom de celui qui t'a donné le jour arrivait jusqu'à toi, raye-le de ta mémoire!

AUGEREAU.

Il t'avait abandonné, alors que tu n'étais qu'un enfant! Il avait condamné ta mère! Ah! s'il avait pu la tuer! Il ne lui aurait pas fait grâce, va! Ton père! lui ? Non! Celui qui t'a recueilli, élevé, celui qui a pris soin de ton enfance, qui a fait de toi un homme, celui-là seul a droit à ce titre!

ANDRÉ, relevant la tête.

Oui! l'espion, le traître! a mérité la mort! Qu'il expie, et que tout s'efface avec son sang!... Tout jusqu'à son souvenir maudit!

On entend un feu de peloton : poussant un cri.

Ah !

AUGEREAU.

Justice est faite !

ANDRÉ, se couvrant le visage de ses mains.

C'est horrible !

Coup de canon au loin.

AUGEREAU.

Tiens ! Entends-tu ? L'armée se met en marche ! Va
chercher l'oubli au milieu de tes frères !

ANDRÉ.

La bataille ! (Avec joie.) Ah !

ÉMILIE, le devinant.

André ! (Le regardant bien en face, après un silence.) Je
veux que tu vives ! Je le veux, moi, ta mère !

ANDRÉ.

Je me défendrai, je te le jure ! C'est là tout ce que
je peux te promettre !

ÉMILIE, se jetant dans ses bras.

André !

ANDRÉ.

Adieu !

Il sort par le fond.

AUGEREAU, à Emilie.

Ne crains rien ! Je veille sur lui !

Il le suit.

ÉMILIE.

Et moi aussi, je veille et je saurai bien le sauver !

Elle s'élance sur leurs pas. — Changement.

DIXIÈME TABLEAU

Le champ de bataille.

La plaine couverte de neige. — Des cadavres jonchent le sol. Tout l'aspect d'une bataille en pleine activité. — Au changement, des tirailleurs ennemis paraissent à droite, cédant le terrain aux tirailleurs français. — Les ennemis disparaissent à gauche, poursuivis par les Français.

SCÈNE PREMIÈRE

BARNABÉ, GANIVET, Soldats.

GANIVET.

Cristi ! Ça marche comme sur des roulettes !

BARNABÉ.

Oui, oui ! Il en dégringole pas mal des deux côtés !

GANIVET.

Ah ! dame ! On ne peut pas faire d'omelettes sans casser des œufs.

BARNABÉ.

Et nous sommes les œufs, nous !

GANIVET.

Dame ! faut bien que nous soyons quelque chose !

SCÈNE II

LES MÊMES, le maréchal NEY, UN AIDE DE CAMP, SOLDATS.

NEY, à son aide de camp.

Capitaine ?

L'AIDE DE CAMP.

Maréchal !

NEY.

N'avez-vous donc aperçu encore aucun mouvement sur notre droite et sur notre gauche ?

L'AIDE DE CAMP.

Non, maréchal !

NEY.

Pourtant, Augereau devait venir former sur les plateaux, la gauche de la division Gazan et Soult, avec la division Saint-Hilaire, devait s'emparer des positions de Nerkvitz et d'Alten-Gône, tandis qu'entre Lannes et Augereau, Berthier occuperait le centre du champ de bataille.

UN OFFICIER, entrant.

Un aide de camp du maréchal Augereau !

SCÈNE III

LES MÊMES, ANDRÉ.

Il est pâle, couvert de poussière, en désordre.

BARNABÉ, à part.

André !

NEY.

Qu'y a-t-il, capitaine ?

ANDRÉ.

Maréchal, par suite de la marche de l'ennemi sur notre gauche, le corps du maréchal Augereau se trouve complètement égaré. Un combat meurtrier est engagé. Je suis chargé de vous dire que le maréchal peut se faire tuer ainsi que tous ses soldats, mais qu'il désespère de vaincre.

NEY.

Le temps presse ! Il n'y a pas à hésiter ! (A son aide de camp.) Capitaine, allez dire à Murat et à Bessières de prendre les 60 escadrons de cavalerie de réserve et qu'ils courent dégager Augereau ! (L'aide de camp sort. A André qui chancelle.) Vous êtes blessé, capitaine ?

ANDRÉ.

Ce n'est rien, maréchal!

NEY.

Où allez-vous ?

ANDRÉ.

Me faire tuer !

NEY.

Restez à mes côtés !

ANDRÉ.

Maréchal !

NEY.

Je le veux !

BARNABÉ.

André, mon enfant...

ANDRÉ.

Ah! si tu savais comme je désire la mort!

BARNABÉ.

Tu veux donc tuer ta mère ?

ANDRÉ.

Ma mère !

BARNABÉ.

Meurs. Et elle te suivra !

ANDRÉ.

Ah !

SCÈNE IV

LES MÊMES, AUGEREAU, blessé, couché sur un brancard,
LARREY, chirurgien en chef. La scène se couvre de soldats,
et officiers.

LARREY.

Maréchal, le maréchal Augereau !

ANDRÉ, BARNABÉ.

Ah !

NEY.

Mort ?

LARREY.

Non, maréchal, mais blessé grièvement.

NEY.

Sauvez-le, Larrey !

LARREY.

J'y tâcherai, maréchal !

Des soldats amènent Augereau couché sur le brancard.

NEY, à Augereau qui se soulève.

Mon brave compagnon!

AUGEREAU, se levant soutenu par Ney et par André.

Ah! c'est vous, maréchal. Eh bien! nous sommes

vainqueurs ! Un instant, j'ai désespéré !... J'avais tort.
Que ne ferait-on pas avec une armée comme la nôtre ?.
Je suis tombé en criant : En avant ! Et ils ont marché,
les braves !... (Tournant la tête vers les soldats.) Merci !
Merci !...

BARNABÉ.

Général...

AUGEREAU.

Ne crains rien... je vivrai !... Je le sens ! (Aux soldats.) Amis, la victoire nous reste ! Vive la France !

TOUS.

Vive la France !

Rideau.

IMPRIMERIE GÉNÉRALE DE CHATILLON-SUR-SEINE. — A. PICHAT.

www.ingramcontent.com/pod-product-compliance
Lightning Source LLC
Chambersburg PA
CBHW050020100426
42739CB00011B/2728